地方消滅と東京老化

日本を再生する8つの提言

増田寛也　河合雅司

ビジネス社

はじめに

昨年（二〇一四）拙著『地方消滅』（中公新書）を上梓《じょうし》した最大の理由は、人口減少に対する国民全体の危機感の希薄さに収斂《しゅうれん》する。

岩手県知事時代に各地で行われる小学校の統廃合を目の当たりにした際、地域での危機感のなさを肌で感じた。盛岡市でこんなに人口が減っていいのかと私が問題提起したときも、市民のあいだに際立った反応は見られなかった。いちはやく人口減少を目の当たりにして深刻な危機感を抱いているはずの中山間にしても、同じようになかなか動こうとしなかった。

なぜこうまで危機感に乏しいのか？　それを裏付ける具体的なデータを当時は県が示せなかったことが大きかったのだと思う。日本全体での人口減少はわかっていても、住んでいる地域でどのようなスピードでどのくらい減っていくのかが見えないと実感がわかない。

前著の巻末に発表した「全国市区町村別の将来推計人口」に対する大いなる反響がそのこ

とを如実にあらわしている。こうした推計も、二〇〇三年に国立社会保障・人口問題研究所が全国の市町村別の三〇年後の推計人口を発表するようになって、初めて可能となった。それ以前は、基礎となる資料すらなかったのである。

地方消滅。つまり、自分が生まれ育った地方の故郷がなくなることに対して、誰もが潜在的には危機感を抱いていたはずだが、本当に議論ができるようになったのはごく最近だ。

これには大きく二つの要因があって、議論の俎上《そじょう》にあがる足枷《あしかせ》となってきた。一つは、少子化対策が結婚・出産・子育てという広い分野にまたがる問題であること。一人の女性が一生に産む子どもの平均数を示す指標である「合計特殊出生率（以下、「出生率」）」が二〇〇五年に一・二六にまで落ち込んだときからその検討はスタートしたのだが、当初から迫力不足は否めなかった。少子化担当大臣が頻繁に替わったり、兼務であったりして、常に隅っこに追いやられてきた。

この問題についてはマスコミも本当は真摯《しんし》に取り組むべきだったが、少子化の危険性について声高に警鐘を鳴らしていたのは今回の対談者である産経新聞の河合雅司さんぐらいなもので、このデリケートな問題になかなか触れようとせず、結局当事者任せにしてきた。

さらに政治家は「触らぬ神に祟《たた》りなし」とばかりに背を向ける傾向が強かった。なぜなら少子化問題やそれが最終的に行くつく地方消滅の話は国会議員にはまったく票にならないものだからだ。自治体の首長に至っては禁忌そのもの、地方がなくなるなどと口にした途端に「なんだ!」と吊るし上げられるのは目に見えている。

もう一つは、東京一極集中だろう。それまで教育費をふんだんにかけても大学進学のとき、地方の若者の大半が東京へとなびいてしまう。岩手県知事時代、このテーマについては相当な危機感を持って取り組んできたつもりであった。

県の教育関係者は、地元の盛岡一高をもっと強化しようと発破をかけるのだが、実際には「優秀な者は地元の岩手大学ではなくて東大へ行け」と東大に合格する人数を競っており、東京一極集中を援護射撃する格好だった。そして東大を出たら、立派な企業、できれば総合商社などに就職して海外赴任するのが岩手県人のいちばんの成功モデルであると言うわけだ。

典型的な自己撞着《どうちゃく》なのだが、こうした傾向は全国の多くの自治体が抱え込んでいる。私は「頑張らない宣言」を表明し、すべての価値観を東京に合わせ、東京に追いつくことだけを目指して「頑張る」のを拒否しようとの県民運動を展開したが、実際には日本全体が東京一極集中を「よし」とする、東京が一等上だという価値観を奨励するようなところがある。

前者はデリケートな問題で、行政がどこまで踏み込むかに集約されよう。後者はまさに以前議論していた国土の多極分散やふるさと創生の流れで、本来は国土政策を担う部署というよりは政府全体が立ち向かうべきテーマなのである。

いずれにしても、これらの問題はいまの日本に通底する価値観、東京一極集中という東京の問題に集約される。おそらく多くの人は、東京はまだまだ素晴らしい世界に冠たる経済集積地で、全国から若者を吸い寄せる磁力に満ちあふれていると思い描いている。高度成長期のイメージがずっと続いている。

本来ならば政府は、東京が抱える危険性や限界を踏まえたうえで、適切な国土形成をすべきであったし、おそらくそれが本当のふるさとの創生につながるはずであった。

竹下登首相以降、地方復活を目指してさまざまな手を打っては頓挫《とんざ》したのは、東京の問題を掘り下げずに、地方のみに焦点を当てて活性化しようとしたからにほかならない。一九八八年から八九年にかけて「ふるさと創生事業」と銘打って、各市区町村に一億円ずつ配ったが、それでパタリと終わってしまった。

いま実際に人口減少が起こっている現場は主に地方だが、それは東京のあり方と密接な関わりがあると前著で記した。

今回の対談の目的は、第一に東京一極集中の危険性と限界を理解、再認識することにある。これは東京をいたずらに貶《おとし》め、不安を煽《あお》るのではなく、地方消滅という問題と一極集中による東京の限界は現代日本を襲っている危機の裏表であり、ひいては日本消滅に通じかねない問題を孕んでいるからである。

そして、もう一つ、本書を世に問おうと考えた大きな理由がある。前著『地方消滅』は人口減少社会の問題提起に力点を置かざるをえなかったため、その対策の方向性にまで十分言及できなかったことだ。前著を手にとって下さった多くの読者から「なにから取り組めばいいのか具体策を指し示してほしい」との声をいくつも頂戴《ちょうだい》した。

今回の対談相手である河合さんは、長く少子化問題、高齢化問題に取り組んでこられたジャーナリストだ。少子化問題、高齢化問題、人口減少問題を多面的に取り上げ、多くの具体的解決策を提言している論客というのは、主要メディアにおいては河合さんが唯一の存在であろう。

河合さんが提唱してこられた、高齢移住者の受け皿となるCCRC構想などは地方消滅の有効な対応策となるものである。このCCRCは、折しも、私が座長となり、河合さんが委員をつとめられる内閣官房の「日本版CCRC構想有識者会議」が構想の素案として基本コンセプトをまとめ、政府が整備に乗り出すことになった。

いま必要なのは、ただ人口減少社会の行く末を不安がることではなく、むしろポジティブに具体的な解決策を考え、その実現に向けて一つ一つ地道に取り組んでいくことである。

本書では地方消滅の危機に備え、あるいは打ち勝つための具体的な解決策、ヒントとなる取り組みについて提言できたと自負している。

本書は、以前ならば開けてはならなかったパンドラの箱を開けてしまう、あるいは虎の尻尾《しっぽ》を踏んだような結果を招くかもしれない。われわれがあえてそれに挑んだのは、そうしなければ日本が滅びてしまうからである。

日本創成会議座長　増田寛也

第一部

問題提起篇　地方消滅の裏にある東京老化

(1)「東京」が成り立たなくなる

(2)人口減少は国防問題

第二部

問題対策篇 地方と東京を元気にする八つの提言

第一部

問題提起篇

地方消滅の裏にある東京老化

(1)「東京」が成り立たなくなる

『地方消滅』の衝撃

河合　増田さんの前著『地方消滅』が与えた強烈なインパクトは燎原《りょうげん》の炎のごとく短期間に日本中に拡散された。二〇四〇年までに、全国の自治体の半数が将来的な「消滅」の危機にさらされる。そのなかには県庁所在地の青森市や秋田市まで含まれるショッキングな内容であった。

増田　出生率が低いまま推移し、地方から東京への人口流出（社会移動）がいまと同じ規模で続けばどうなるか。全国、または都道府県単位の漠然とした推計ではなく、これを自治体単位で推計し、自らが直面する問題として危機感を訴えたかった。市区町村別の将来人口推計は国立社会保障・人口問題研究所（社人研）からすでに二〇一三年三月に発表されていたが、これは地方から東京への人口流出が一定程度収まるという前提にたっている。

私が座長をつとめる「日本創成会議」の分科会で、地方からの人口流出が現行のまま二〇四〇年まで続くことを前提に推計をやり直すことにした。その結果、「消滅」の可能性がある市区町村が八九六に上った。さらに、二〇四〇年時点で総人口が一万人を切る市区町村は五二三あったが、これらは消滅の可能性がさらに大きいと言わざるをえない。近い将来、全国の自治体の半分が持続可能性（サスティナビリティー）を持たない、すなわち消滅する可能性があるということは、われわれにとっても大きな衝撃であった。

これらの自治体は単に人口が減るだけではなく、社会保障なども立ちゆかなくなる。単に「過疎地の問題」ととらえるのは間違いだ。「東京一極集中」の裏返しでもある。

河合　おっしゃるとおりだ。これを地方自治体がなくなるという話に矮小化《わいしょう》してはならない。すでに人口がごっそり減ってしまった地方が出現しており、そうした現在の地方の姿は日本の将来の縮図ととらえるべきである。

「地方消滅」という言葉が独り歩きし、過去にもあった過疎地問題のように受け止められているようなところがあるが、そうではない。地域の崩壊は日本全体の衰退を意味する。税収不足で立ちゆかなくなる自治体が相次げば、国民全体でコストを負担しなければならない。地方の人口見通しが変わるのだから、道路整備をはじめ国土計画も見直す必要が生じる。地方の人口減少スピードを少しでも遅らせるための対策が急がれる。

ところで『地方消滅』には多大な反響があったと思うが、試行錯誤を続ける各首長からはどのような声が伝わってきたのか。

増田　多くの首長から「こういうデータ、分析がほしかった、渇望していた」という声が届いてきた。自分たちが言いたくても言えなかったデータが提示されたので、地域でさまざまな議論がしやすくなったということと同時に、対策については批判も含めて議論もあった。

地域で本気で戦って苦しんできた首長ほどシンパシーを寄せてきた感が強い。たとえば、やりたくないけれどやらざるをえない小学校の統廃合を行ってきた首長。彼らは地元から叩かれながらも、当面、選択と集中をせざるをえなかった。

ただ当然のことながら、解決策として示したコンパクトシティ化などについては、中山間地が切り捨てられるのではないかということで、予想どおりに批判を受けた。

地域に長く居住する人ほど地域に愛着を持っているものだ。それを「消滅」という言葉で切り捨てるのか。彼らにはそういう思いがあったろう。中山間地を維持することの重要性はこれからも変わらない。ただし、わが国はこれからいままで経験したことのないスピードで人口が減少していく。そういった環境の変化を中山間もまた、大都市と同様に正面から受け止めなければならない。

もう一方で最近目立つのは、エコノミストなどを中心に、東京の集積こそが大事だという意見だ。それを地方に分散するというのは如何《いかが》なものかという考え方である。

なるほどと思わなくもないが、これは東京が孕んでいるリスクや危機感がぜんぜん伝わっていないからであろう。これを伝えるのが今回の河合さんとの対談の目的の一つでもある。東京の問題をきちんと分析して、そういう人たちを納得させる材料を提示しなければならない。相変わらずこのまま集積を続けていくと、東京は限りなく衰退し日本が消滅しかねない。

人口の四割が六五歳以上になる二〇六〇年

河合　本書の大きなテーマである東京一極集中の弊害を論じる前に、人口減少社会とは、どういう社会なのかを整理しておくことから始めたい。

これまで私が一生懸命に説いてきたのは、日本の人口減少は地方自治体や集落が消滅するといったレベルの話ではなく、日本が消えてなくなっていく過程に入ってしまったという警告であった。机上の計算ではあるが、社人研の資料によると、いまのまま行けば二〇〇年後は日本の人口は一三九一万人、三〇〇年後はわずか四二三万人に減ってしまい、一つの県ぐらいしかなくなってしまう。これでは国家として成り立たないということだ。さらに西暦二九〇〇年には四〇〇〇人にまで減り、西暦三〇〇〇年に一〇〇〇人となる。これは日本人がほぼ〝絶滅〟するということだ。

それはもうどこの自治体とか、どこの地域がどうなるとかいうレベルの話ではない。なぜ、ことがここに至るまで政府はなにもしてこなかったのか。もちろん私を含め多くの国民が鈍感であった責任もあるのだが、人口政策について政府が口を挟もうとすると、戦前・戦中の「産めよ殖やせよ」を想起させ、「けしからん」という世論が必ず巻き起こる。それで政治家も官僚も及び腰となって、対策どころか核心部分についての具体的な議論すらされず、時間がいたずらに過ぎてしまったのだ。

『地方消滅』をきっかけとして、安倍政権が人口減少対策を「地方創生」と言い換え対策に乗り出したことは、遅きに失したとはいえ大きな一歩だと評価している。政府の「まち・ひと・しごと創生本部」が二〇一四年末にまとめ、閣議決定された「まち・ひと・しごと長期ビジョン」が「二〇六〇年に総人口一億人程度を確保」とし、「二〇三〇年に出生率＝一・六程度、二〇四〇年に一・八程度、二〇四〇年に人口置換水準（二・〇七）を達成」という数値を打ち出した。これが政府目標かどうかは別として、公的に数値を掲げたのは戦後初だろう。きわめて画期的な出来事だった。ひと昔前なら、もっと大きな世論の反発があったことだろう。それがほとんど混乱なく決まったというのは、多くの国民が日本の将来に危機感を抱いていることの現われではないか。

増田 『地方消滅』の読者の大きな反応の一つに、「日本は混み過ぎている。狭い国土に人口が多すぎるのではないか」というものがあった。

現在ドイツの人口が八〇〇〇万人で、イギリス、フランス、イタリアは六〇〇〇万人そこそこ。こんな狭い日本に一億三〇〇〇万人近くもいて、過密の弊害が出ている。人口減少になるのはむしろいいことではないかと言う人がけっこういる。

問題は、人口が減少することではなく、このまま対策を講じなければ人口が下げ止まらないことだ。イギリス、フランス並みに六〇〇〇万人台で下げ止まる保証はまったくない。なにも手を打たなければ、じきに江戸時代レベルまで戻ってしまい、やがて江戸時代以前になってしまう。それどころか、わずか五〇年後の日本の年齢構成ががらりと変わり高齢者だらけの社会になるところの意味を国民全般がきちんと認識していない。その危機を打開しようという話なのだ。

ここにきてようやく日本人の二人に一人が高齢者となる世のなかが訪れることは理解してきたようだが、それが具体的になにを意味するのかというところまではなかなかイメージが描けていない。具体的な像がイメージできればこの問題がただ数だけではなく深刻極まりないことがわかってくる。

要は年齢構成で完全に逆三角形型になりつつあるのだが、そのことについての説明がま

日本の人口ピラミッド

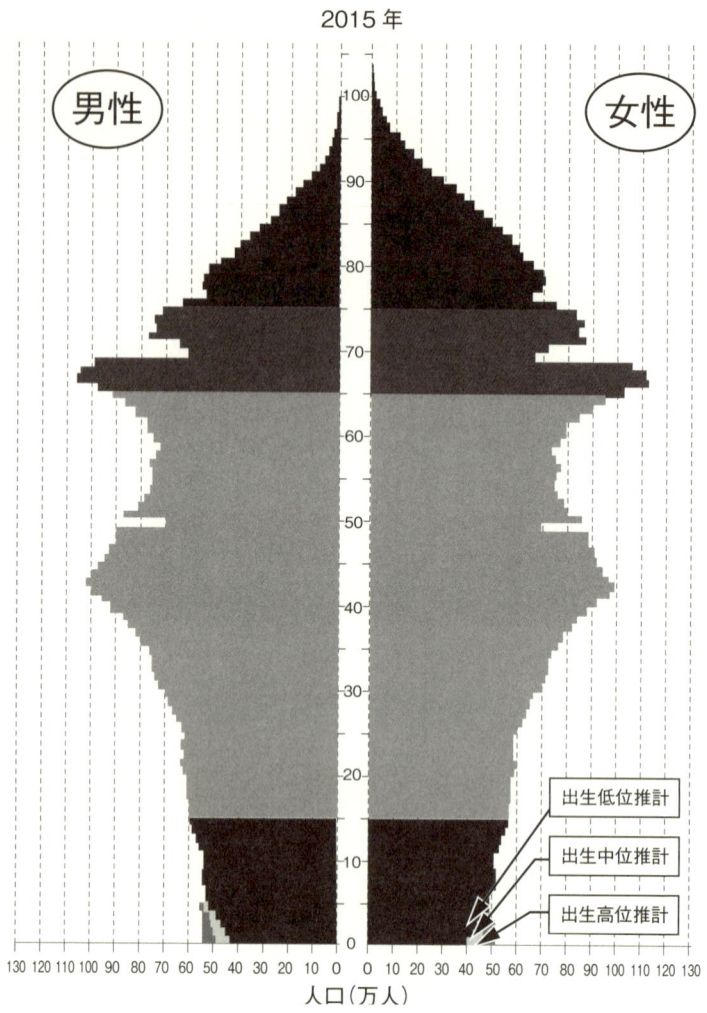

出所：国立社会保障・人口問題研究所「日本の将来推計人口」（2012年1月推計）から

だ足りない。

国全体ではなんとか財源を確保すれば、それすらとても難しいことだが、持続可能な社会保障を維持できる可能性はあるけれど、市町村ごとにみればまず崩壊が免れない自治体も出るだろう。市町村単位で運営される国民健康保険は都道府県単位で広域化されるが、そのうちに同じく市町村ごとにやっている介護も成り立たなくなってくる。国が具体的な話を示さないかぎり、国民は深刻さを本当の意味において理解できない。

河合　高齢社会の課題と聞いて、多くの人が即座にイメージすることといえば、世代間の支え合いの仕組みである年金制度だった。老後生活に直結する問題だけに国民の関心も大きく、この一〇年あまり、たえず国政の大きな争点ともなってきた。しかし、年金などの社会保障制度はほんの一面をとらえているにすぎない。高齢化とは、あらゆる社会システムに影響が及ぶ問題であると認識することが必要だ。

高齢者が増えるということは、患者も増えるということだ。たとえば、認知症患者にどう対応するのかは大きな社会問題となろう。厚生労働省研究班の推計によれば、二〇一二年時点の認知症高齢者は、軽度者を含め約四六二万人に上る。予備軍とされる「軽度認知障害」（MCI）の約四〇〇万人を加えると、六五歳以上の四人に一人が該当する計算だ。

厚労省は、団塊世代が七五歳以上となる二〇二五年には「日常生活自立度Ⅱ」（日常生活に支障を来す場合があるが、誰かが注意していれば自立できる状態）以上の患者が四七〇万人と推計している。厚労省の研究班によれば、認知症の人の医療・介護で社会全体が負担する費用は、二〇一四年時点で一四兆五〇〇〇億円に上るという。大変な額だ。

もちろん認知症だけでない、日本はこれから〝大介護時代〟を迎えることとなる。二〇二五年の介護費は、現在の二倍以上の二一兆円程度に膨らむ見込みだ。保険料もうなぎ上りとなる。制度の崩壊を防ぐには、サービス低下や負担増は仕方がないのだが、それは「家族による支え」があって初めて成り立つ。だが、専業主婦は減り、在宅介護を担いうる家族が不在の世帯も多い。総務省が二〇一三年七月に発表した「就業構造基本調査」によれば、働きながら介護する人は二九一万人で、四〇〜五〇代の働き盛りが一六七万人を占める。高齢者の一人暮らしや高齢夫婦のみの世帯も増えた。こうした現実にも目を向けなければならないと思う。

働き盛りが「介護離職」者に

増田　患者本人も大変だろうが、患者を見守る家族も大変である。深刻なのは、辞職や転職を余儀なくされた「介護離職」の増大であろう。二〇一二年までの五年間で四八万七〇〇〇人にのぼる。毎年一〇万人もが職場を去った計算である。

働きながら介護する四〇～五〇代の男性は六九万人。過去五年に介護離職した男性は九万八〇〇〇人を数える。厚生労働省の資料によれば、介護離職した四〇～五〇代男性の半数が「四一～五〇歳」のときに辞めていた。

四〇～五〇代といえば管理職や主要業務を担当している人が少なくないと思う。企業にとって人材を突然失う影響は計り知れず、働き盛りの介護離職を個人の問題として簡単に片付けるわけにはいかない。

少子化により兄弟姉妹が少ない世代が親の介護を考える年代となり、夫婦共働きも増えた。介護の分担や金銭的援助を頼める相手がなく、老いた親を一人で抱えるケースも珍しくない。

さらには介護休暇への理解が進んでいない問題もある。就業構造基本調査によれば、介護休業制度の利用者は三七万八〇〇〇人にとどまる。先の読める育児とは違い、介護は何年続くかわからない。休みの取得を言い出しづらい雰囲気も職場にはあるだろう。

とりわけ、責任ある立場の男性ほど休めば「現在のポジションを奪われる」不安に陥りやすいと思う。職場で悩みを打ち明けられず、精神的に追い詰められて突然の離職に走るケースもあろう。

働きながら介護をしている人（2012年）

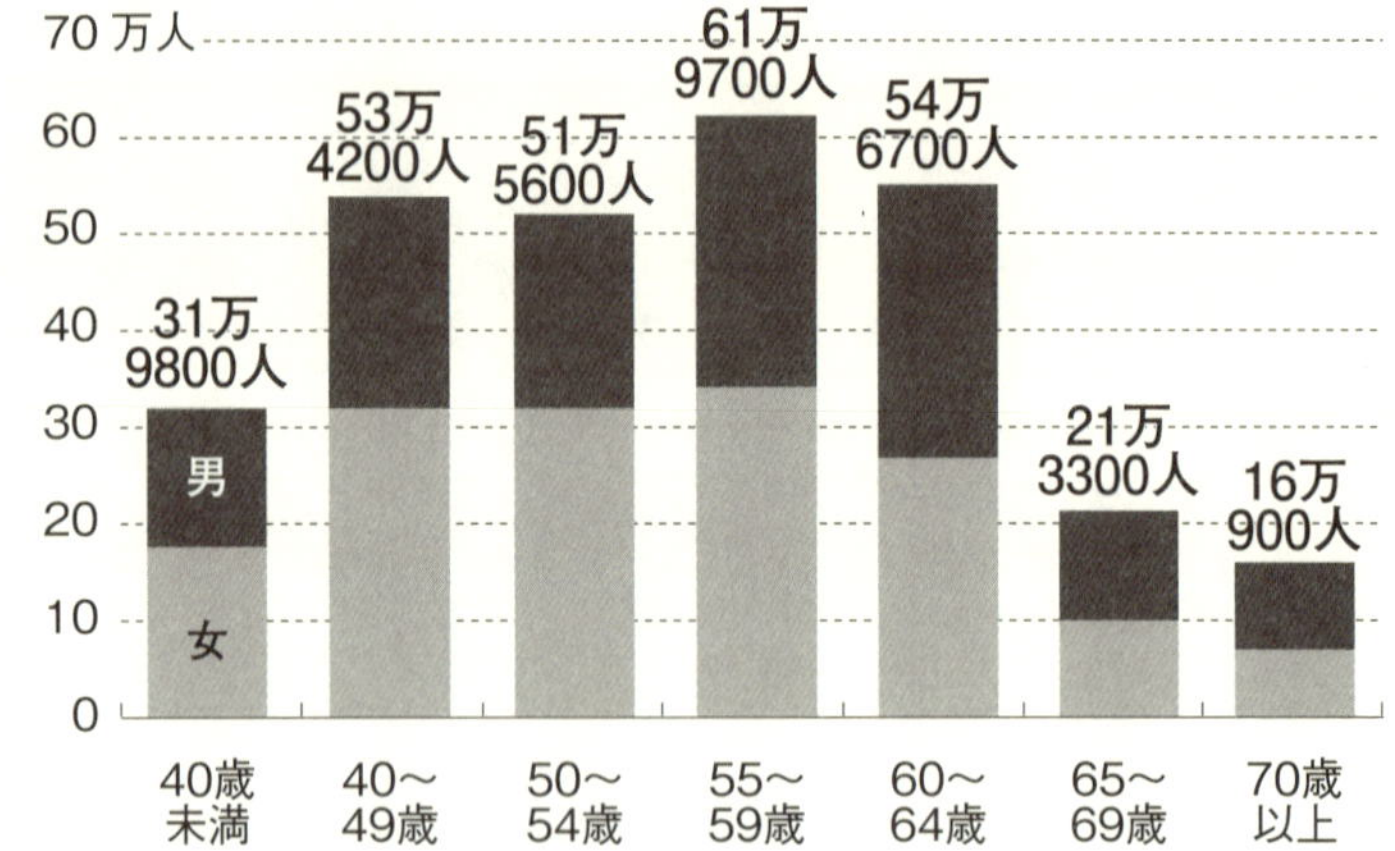

出所：総務省「2012年就業構造基本調査」から

働き盛りの介護離職は、団塊ジュニア以降の世代でますますの増大が予想されるが、離職したとしても厳しい現実が待ち受ける。公益財団法人「家計経済研究所」によると、在宅介護の費用は月額平均六万九〇〇〇円。収入が不安定ななかで、この金額は家計に重くのしかかる。

そうかといって、四〇～五〇代で復職や新たな仕事を探すのも容易ではない。要介護状態の親族が施設入所できたとしても、離職に伴うブランクは大きい。過去五年間で介護離職した人のうち、仕事が見つかったのは一二万三〇〇〇人。三六万四〇〇〇人は無職のままだという。要介護状態にあった親が亡くなり年金収入が途絶えた途端に、生活保護に頼らざるをえない人もいる。まずは介護離職を減らすことが急務であろう。

このように、高齢社会は経済をも揺るがす問題につながっていることも見逃せない。

放置された空き家が三一八万戸

増田　また、人口が減って行く影響についての、具体的なイメージとして多くの人が認識することになった空き家問題を例にとってみよう。

総務省の二〇一三年「住宅・土地統計調査」（速報集計）によれば、空き家は約八二〇万戸と過去最高を記録した。総住宅数六〇六三万戸の一三・五％を占め、「七、八軒に一軒」といった割合だ。

空き家の増加は景観が悪化するだけでなく、倒壊の危険や犯罪を誘発する。荒涼とした町並みが広がれば、住民の流出は加速し、地域社会の崩壊にもつながりかねない。

空き家で特に問題なのは「深刻な物件」だ。単身高齢者が施設に入ったり、死亡したりして管理が行き届かなくなったケースだ。同調査によれば、分類困難なものも含め、こうした「放置された空き家」は三一八万戸を数えるという。

空き家と聞くと、「朽ち果てた一軒家」のイメージが強いが、実はマンションも少なく

空き家数と空き家率

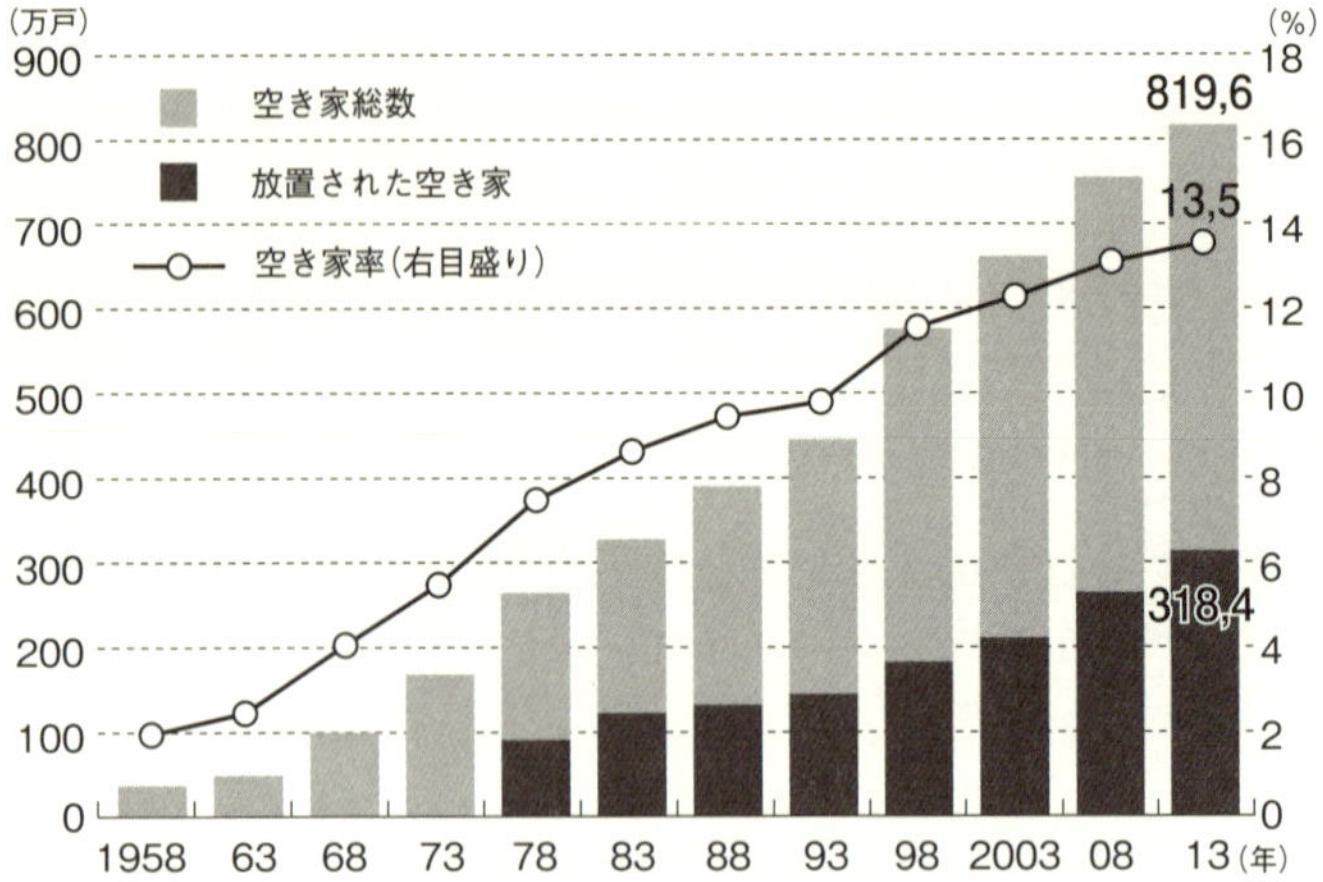

出所：総務省の2013年住宅・土地統計調査（速報集計）から

ない。総務省が二〇〇八年の前回調査を分析したところ、この時点の空き家総数七五七万戸のうち、六割にあたる四六二万戸がマンションなどの共同住宅だった。大半は賃貸だが、「放置された空き家」も七二万戸近くにのぼる。

マンションの場合、空き家が増えると管理組合が維持できなくなる。管理体制が悪化すれば借り手も減る。この点、賃貸であっても「深刻な物件」に転じやすいだろう。

所有者が遠方にいる「投資型」などは管理がおろそかにされがちで、未入居の増加に拍車をかけているとの指摘もある。賃貸も含め一棟の半数が入居していないマンションも珍しくなくなった。こうなると物件価値も低下し、スラム化の道を歩み始める。

言うまでもないが、マンションの解体は建

物が頑丈で費用がかさむだけでなく、所有者の利害が複雑に絡むから戸建て以上に大変だ。今後、大都市圏を中心に「スラム化した老朽マンション」が増加すれば、新たな社会問題として国民にも重くのしかかることになろう。

だが、真に深刻なのは、「空き家が増えて大変なことになる」というところで思考が止まってしまうことだ。現に空き家がどんどん増えているのに新築住宅をどんどん建てている。国土交通省によれば、二〇一三年度の新設住宅着工戸数は四年連続増の約九九万戸（前年比一〇・六％増）だ。過去の推移をみても、特殊要因のあった年を除けば着工戸数の減少は見当たらない。

つまり問題の背景には日本人の「新築志向」の強さがあるのだ。また、政府も住宅ローンの控除など新築住宅の開発を促す政策をあえて推進してきた面もある。家電製品や家具など需要が伸びるため、歴代政権にとってわかりやすい「景気浮揚策」にもなっていた。

持ち家率が六割を超した現状においては、新築住宅の推進政策はその〝歴史的役目〟を終えたと言っていい。空き家をこれ以上増やさないようにするためには、「中古市場整備」へと政策シフトを図ることだ。解体ばかりでなく、「社会の資源」として再活用する視点も求められる。移住者向けや公共住宅へのリフォームを後押しすることである。

過度な「新築志向」を改めないかぎり、われわれは大きな荷物を背負うことになる。

(2)人口減少は国防問題

自体隊、警察、消防の確保も困難

河合　勤労世代の激減についても、もっと明確なイメージを持つ必要がある。働き手が減るという話では企業の求人難といったことばかりに目が向きがちだが、問題はそんなに簡単ではない。

これから日本の出生数が急減していく。いまから二〇年後、二〇三五年の年間出生数は現在の約七割の七一万二〇〇〇人。二〇六〇年には現在の半分以下の四八万二〇〇〇人になるとの推計が出ている。短期間にここまで減ったのでは、どの産業においても後継者が不足するであろう。

人口減少はさまざまな産業の働き手を減らす。介護福祉士不足など社会福祉分野の担い手が手薄になるといった問題に関心が向かいがちであるが、実は国防問題にも密接に関係する。これをずっと訴え続けてきたのは私くらいかもしれない。

いちばんわかりやすいのは東日本大震災だろう。別に軍事力がどうのという意味だけでなく、自衛隊のもう一つ大きな役割である防災を考えてほしい。東日本大震災時における自衛隊員一五万人を投入した人海戦術の救援活動は国民の胸を熱くした。しかしながら、ああした活躍も、〝若い〟自衛官を備える組織としての動員力があったからこそできた。しかも、高齢者が増えるということは災害弱者が増えるということでもある。高齢化の影響はこうしたところにも現われる。

これは自衛官のみならず、警察官、海上保安官、消防士といった若い力が求められる職種にはみな当てはまる。医師不足問題もそうだ。政府は大学医学部の定員増などの対策を図ってきたわけだが、医師ばかりを養成して解決するわけではない。救急車を運転する若者、担架を持ち上げる若者、あるいは献血ができる若者がいなければ、いくら優秀なドクターや手術室を整えても、患者はそこにたどり着くことさえできないのだ。要は人口減少とは、これまで当たり前に思ってきた国民の「安心・安全」を足元から揺るがす大問題である。

職員減でイレギュラーに対応できない自治体

増田　自衛隊や警察や消防について指摘されたが、一朝国家有事のときにいちばん頼りになるのは機動力のある組織だし、やはり若い力だということだ。また、自衛隊や警察はこれからも継続して維持されなければならないのはいうまでもない。

その一方で、自治体の職員については、ただでさえ予算削減で数を減らさなければならないなかでも、なんとか新規採用は絶やさないように、みんな少しずつでも職員を採用していると思う。

二〇一四年八月末に北海道の礼文町が五〇年に一度の大雨に見舞われた。大規模な土砂崩れが発生し二人が死亡する事態となったのだが、それにもかかわらず、避難勧告は出されなかった。町が避難勧告を出さなかった理由は「人手不足」だったという。

よくよく聞いてみたら、「あの深夜時間帯で避難勧告を出したら避難民が体育館に殺到してきて、職員の配置がすぐには間に合わない」という事情があったようだ。難しい判断を迫られたことに同情はするが、そこまで職員を減らしていたわけである。平時であればいざしらず、ことほど左様に、日本の各自治体においてはイレギュラーなときの対応への組織力が落ちてしまっているのだ。自衛隊や警察に限らず、共同体の秩序を維持する組織力には若手の力が欠かせない証左であろう。

無人島が増え防衛力が低下

河合　国防問題についてもう一つ、私がかねてより懸念を示してきたのが離島の無人化問題だ。二〇五〇年の日本列島を描いた国土交通省の『国土の長期展望中間とりまとめ』（二〇一一年二月）は、有人離島二五八のうち、約一割が無人化する可能性を指摘している。

言うまでもなく、国境離島や外洋離島は排他的経済水域の重要な根拠となるが、それは日本人の住民が居るからこそ〝担保〟されるものだ。不法占拠を企む国があったとしても、人が住んでいれば簡単には手出しできない。無人島が増えれば、それだけ日本の防衛力が低下するわけだが、離島の人口減少を国防問題として取り上げる人はいまだに多いとはいえない。

増田　先に与那国島への自衛隊の配備に関して論議が巻き起こったが、軍事力以前に土地に人が住み通常の生活を営んでいることが日本の領土を守ることにつながるのは、考えてみれば当然のことではないだろうか。誰でも自分の家は戸締りをし、よそ者を警戒し、地域の秩序を守るであろう。それが国防に通じるのだ。

国防と言うとすぐに気色ばみ過剰反応する人たちもいるけれど、国防とは言葉を置き換えるならば、国をきちんと整えて国を存立させることであり、領土と国民がいなければ、国家が成り立たないのは当たり前のことであろう。こんな発言をすると、すぐにやれ緊張感を巻き起こすとか、刺激を与えるとか揶揄《やゆ》する向きもあるけれど、そうでなくてふつうの国家であれば、当然のことといえる。

そういう意味でも、やはり東京一極集中でなく、日本全体の観点からすべての国土利用のバランスを適正にすべきであろう。よく言っているのだが、特に国境近辺にあることが多い有人離島においては並々ならぬ苦労、呻吟《しんぎん》があるはずで、きちんと交付税のカウントに際して考慮すべきではないか。

たとえば青ヶ島村にしても人口二〇〇人を切ってはいても、地理的に重要な使命を帯びているからこそ、生まれ育った土地で頑張っているわけだ。小笠原しかりである。

植林一つとっても、治水を維持していくにしても、人が住まっていなくては護りようがない。早晩崩壊してしまう。人の住まなくなった家屋が崩落するように、極点社会の怖さとは、国土利用が極端に偏ることで、多くの国土が荒廃して崩壊してしまうことなのだ。

出生数減少で「安全・安心」を脅かす農業問題

河合　人口減少は日本の「食の安全保障」も脅かしている。諸先進国に比べてただでさえ低い日本の食料自給率が、さらに低下することは避けられない。

世界人口が七〇億人を数え、食料の安定確保はいまや各国政府にとって最重要課題の一つだ。国際競争は厳しさを増してきており、食料自給率の引き上げは国家の安全保障にもつながる。

増田　たしかに食料自給率の引き上げは重要だと思う。また、最近では「食料自給力」という概念も注目されている。それだけ農業は重要な産業であるが、昔からの伝統産業だけに、工夫、改良の余地がまだまだある。これからは中国やアジアを大きなマーケットとして考えて欲しい。中国の〇・一％の富裕層といっても一〇〇万人いるわけで、この人たちに日本の安全でおいしい野菜を売り込めるよう、もっと法人化を進めて経営を効率化し生産性を上げていけば、国内の食料自給率も自然と上がってくる。同時に、個々の農業生産者が産地の特色を出せる手段を考えていけば、特色ある地方創生にも結びつくであろう。

たとえば、私が知事をつとめた岩手県は、大規模農業を展開できる平地もあるし、中山間地域は希少な在来種を生産し付加価値をつけることも可能である。近年は、鶏肉のブランド化を進め、県の農業産出額二四三三億円（二〇一三年）の四分の一強と米よりも多くなるまでに成長している。政府も農業改革に取り組んでいるが、国民全体が本気になって、

2050年までに50%以上減少（無居住化含む）する地点

出所：国土交通省の「新たな『国土のグランドデザイン』」から

生産、流通の全般にわたって改革を行っていけば、農業は地域経済を支える産業に変わることができると思う。

問題は、当面の人材、後継者不足をどうするか。農林水産省が発表した二〇一〇年の「農林業センサス」によると、全国の農業就業人口は五年前の前回調査に比べ七四万七〇〇〇人も減り、約二六一万人となった。二二・三%の下落だ。平成二年は四八二万人だったから、この二〇年間で半減した計算である。

要因は、これまで農業を引っ張ってきた昭和一ケタ生まれが七〇代後半となり、引退年齢を迎えたことにある。平均年齢は六五・八歳。一九九五年の五九・一歳から六・七歳も上昇した。つまり依然として家族経営が多いなかで、世代交代が進んでいないのだ。岩手県も同様の傾向で、農業就業人口は減少し、高齢化が進んでいる。

もちろん、農業就業人口の減少が、ただちに農業の衰退を意味するわけではないが、やはり若い農業経営者でなければ規模拡大などの意欲に欠けるのは事実だ。耕作放棄地の増加は止まらず、前回調査より一万ヘクタール増え四〇万ヘクタールに達した。調査結果以上に荒れ地が広がっているとの見方もある。そして、一度荒廃した土地を再度農地として活用するには並大抵な努力では済まないことをわれわれは知っておくべきだ。

外資が狙うのは水源地ばかりではない

河合　国土交通省の「国土のグランドデザイン２０５０」によると、急激な人口減少・少子化・高齢化により、二〇五〇年には現在人が住んでいる地点の約六割で人口が半分以下になり、うち三分の一の地域は人が住まなくなる。さらに時代が進めば、日本列島はさらにスカスカな状態ともなるだろう。

政府は外国人労働者の大量受け入れを進めようとしているが、日本人が激減する状況下で無節操に外国人を受け入れ続けると、いつの日か日本人が少数派となる市町村や地域も誕生する。ある国が意図を持って多くの人を日本に送り出す事態も想定しておかなければならない。外国人に地方参政権を認めることにでもなれば、地方議会や地方行政が牛耳られかねない。

外国資本による水源地の買収が問題となっているが、日本人が少なくなったとき、外資がターゲットとするのは水源地だけだろうか。

特定の自治体や地域の土地を、特定の国の人たちが集中的に買い占めることになれば、地元住民は近づきがたくなり、行政機関の目も届きづらくなることだろう。もし、そんなことにでもなれば、日本国内に〝外国の領土〟ができるようなものだ。私が知るかぎり内閣官房の「まち・ひと・しごと創生本部」に防衛省の関わりは見られない。ぜひとも防衛省にも入ってもらい、国防の観点からも地方創生を議論し合うべきだと思っている。

忍び寄る〝静かなる有事〟

河合　離島を含めて、その地に人が住まなくなる。これはわれわれが想像する以上に日本という国を衰退する方向に向かわせるだろう。

沖縄県の尖閣《せんかく》問題を契機に国会などで「国境警備をもっと強化すべきだ」との主張が聞かれるようになった。しかし、何度でも言うが〝若い力〟を安定的に確保できなければ対応できない。「安心・安全」の担い手不足は、日本社会が成り立たなくなることでもある。

これまで当たり前であった「安心・安全」と言うのは、若い世代が次々と誕生するからこそ成り立ちえたことだったわけだ。そして、「安心・安全」の崩壊は多くの国民が気付かないうちに忍び寄る。私はこれを〝静かなる有事〟と名付け、警鐘を鳴らし続けてきた。

もはや、少子高齢化も人口減少も簡単には止めることができない。とはいえ、何もしないのでは、国土は残っても、日本列島は「日本」ではなくなってしまう。われわれは社会が縮むことを前提として、今後の社会を考えなくてはならないところまで追い込まれている。そのことの意味を、もうちょっと想像力を豊かにして国民全体で考えていかなければならない。本当にこの国が縮んで、取り返しがつかなくなってしまう前にだ。

おそらくそれは地方から順番になくなってゆき、最後に東京が縮んで消滅して、日本が消滅するという玉突き式に起きることではない。もっと加速度的にわれわれの予測をはるかに上回る速度でさまざまな問題がいっぺんに噴出する。ワッとのしかかってきて、日本が日本として成り立たなくなる問題、それが地方消滅であり人口減少なのだと思う。

日本消滅は突然起きる

増田　いまの日本は、すべての社会の仕組みが「人口増（右肩上がり）」を前提につくられている。日本はこれから、世界でもっとも早くかつ急激に人口減に見舞われる。そのときになってさまざまな不都合に気がついてももはや手遅れであろう。人口減少問題は時間軸と地理的な広がりをもつ空間軸と二つの軸で対応しなければ状況が把握できない。だからこそ問題の「見える化」が重要なのだ。そういう意味で日本をどういう社会に変えていくのか。政府、各省庁が動き出すデッドラインが二〇一五年なのだと思う。また、日本は課題先進国とも言え、解決のための答えを世界に示す責務があるとも言える。

河合　まったくおっしゃるとおりだ。われわれはこの意味をもっと深刻に考えないといけない。人口が減り、高齢者が増えるのが避けられない現実のなかで、すべてを従来と同じようにできるはずはない。そうした大前提を置きながら、しかし、すべてを同じように続けられないなりに、どういうバランスをとって日本は国家として縮んでいけばよいのか。あるいは、人口をどう維持していくのか、もしくは増える方向に持っていくのかという国家のデザインを考えるべきだと思う。

(3)「出生数減」「高齢者増」「勤労世代減」の三重苦

「地方創生」と「地方分権」を混同するな

河合　「地方消滅」や「地方創生」の議論が活性化したことは歓迎すべきなのだが、それにしても気掛かりなのは明らかに方向性の間違った意見が少なくないことだ。周回遅れのトンチンカンな意見も見られる。

地域経済の活性化策だと称して予算や補助金のバラマキ競争に結びつけようといった思惑などは論外であるが、たとえば地方分権と混同した意見などもそうだ。「何十年も前から『地方の時代』だとか、『ふるさと創生』とかといって地方問題には取り組んで来た。今回もその焼き直しにすぎない」と語る有識者もいる。だが、今回の「地方創生」には、これまでとは明らかに異なるところがある。それは人口激減期に突入してしまっているという点だ。大都市圏の自治体ですら人口が減り始め、日本中が余裕をなくしているなかで対応を考えなければならないのだ。

先程から繰り返し述べてきたように、景気刺激策の展開や地方への権限・財源移譲をすれば何とかなるといったレベルの話ではない。人口激減と国民の半数近くが高齢者となるきわめて歪《いびつ》な社会が来ることを前提として、日本をどういう国にしていくのか。引き続き国際社会で存在感を発揮できる国とするにはどうしたらよいのかを考えなければならない。「地方創生」とは、まさに国家を根本からつくり直していく壮大な命題をわれわれに突き付けているのではないか。

増田　地方創生を行うなら、まず地方分権を進めるべき、という話はよく聞く。たしかに統治をめぐる中央と地方のあり方を見直すことは重要だが、統治構造を変えるには、どうしても時間がかかる。その間、人口減少が待ってくれるわけではなく、下手をすると加速していく。まず、人口減少のスピードを抑えること、そして人口が減少しても国民生活が維持・向上していける社会システムをつくること、それが将来世代に対する現世代の責任だと私は思う。この話は、国と地方の対立だとか、国と地方の関係を見直すとかいう次元の話ではない。国家の仕組みそのものや国民の意識そのものを変革していく必要がある。

人口減少問題に蔓延する〝常識のウソ〟

河合　少子高齢化や人口減少の危機については知っていても、それが意味するところを十

2040年の推計人口（2010年を100とした指数）

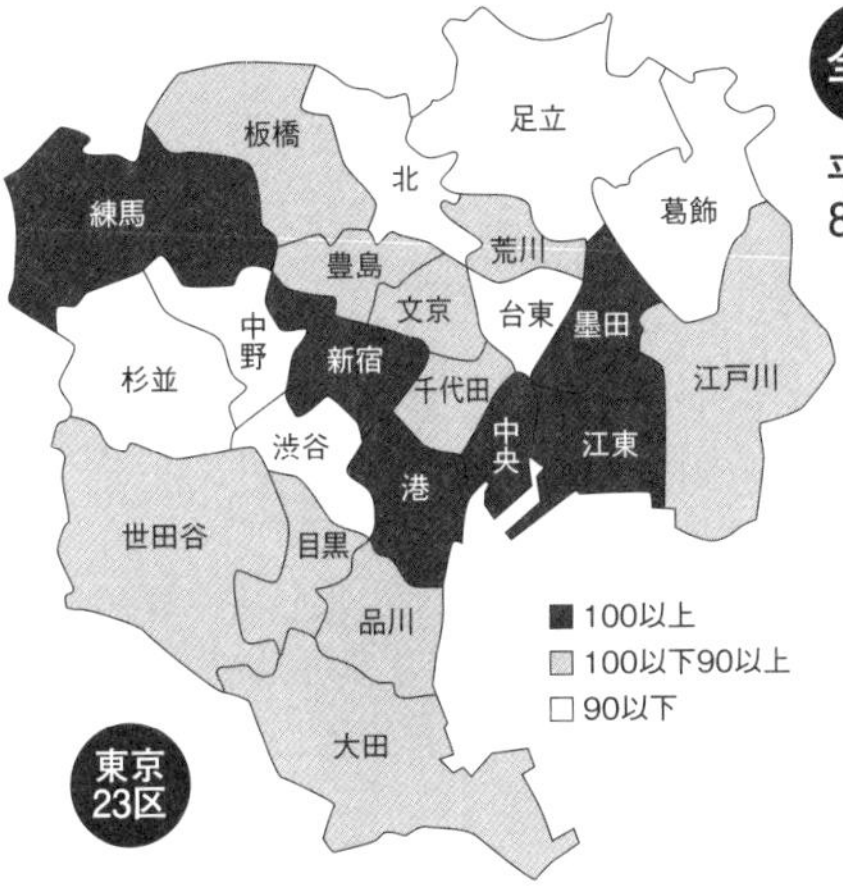

全国　平均83.8

1	沖縄県	98.3
2	東京都	93.5
3	滋賀県	92.8
4	愛知県	92.5
5	神奈川県	92.2
⋮	⋮	⋮
43	山形県	71.5
44	岩手県	70.5
45	高知県	70.2
46	青森県	67.9
47	秋田県	64.4

出所：国立社会保障・人口問題研究所の資料から

分に理解している人となると圧倒的に少ないが、さらに困るのは〝常識のウソ〟を信じ込んでいる人が少なくないことだ。これは議論を拡散し混乱させ、対応がますます遅れる要因となる。

たとえば「大都市部への人口集中と地方の過疎化が加速する」という〝常識〟だ。

実は社人研のデータは、大都市部の自治体における「過疎」も予測しているのだ。東京を例に挙げよう。青梅市（二五・三％減）や福生市（二四・二％減）といった都心への交通アクセスが不便な自治体が激減するだけでなく、区部の足立区（二一・三％減）、葛飾区（一九・二％減）、杉並区（一五・五％減）も軒並み下落率ランキングの上位に顔を並べている。逆に、東京二三区で人口が大きく増えるところもある。中央区（一四・四％増）や江東区（八・五％増）だ。

こうした現象は、地方の大都市のあいだでも見られる。同じ福岡県の政令指定都市であっても、北九州市が一九・七％も減るのに、福岡市は一・七％減にとどまる。

年齢別の増減まで比較すると、高齢者が大きく増える自治体、勤労世代が激減する自治体など事情はそれぞれ異なるのだ。こうした事情を考慮せず、「大都市部と地方」という単純な発想で対策を考えたのでは成果が上がるはずもない。

人口問題をめぐる〝常識のウソ〟は、これにとどまらない。社人研が二〇四〇年の「地域別将来推計人口」を公表しているが、最も落ち込みが激しいのは秋田県の三五・六％減。次いで青森県の三二・一％減、高知県の二九・八％減だ。一方、二〇四〇年の六五歳以上の割合は、人口減少と同じく秋田県の四三・八％を筆頭として青森県、高知県が続く。これだけを見ると、「人口が減る過疎地で高齢化が進む」と考えたくなるのだが、六五歳以上人口の実数がどれだけ増えるかに着目するとまったく異なる結果となる。

東京、神奈川、埼玉、千葉、愛知など七都県は一・四倍以上に膨れあがるが、秋田、高知、島根県はむしろ減るのだ。市町村のなかには半減や三分の一近くまで減るところもある。

要するに、人口減少の激しい地方とは、すでに〝高齢化し尽くした状況〟にあり、高齢

者人口が増えようもないことを示している。高齢者が減る以上に若者が減るため、高齢化率が高水準に見えているにすぎない。

これは「高齢化率の上昇」と「高齢者数の増加」を混同することで生じる誤解だと言えよう。

ここから言えることは、医療や介護のニーズが、高齢化率よりも高齢者数によって決まることを考えれば、高齢者対策に追われるのは地方の自治体ではなく、大都市部にある自治体であるということだ。後ほど詳しく述べるが、大都市部の自治体は、若者中心で経済効率性優先の街づくりから発想転換しなければ通用しまい。

増田　まったくそのとおりで、われわれの推計でも、たとえば東京二三区を見ても、区毎に高齢化や人口減少のスピードは大きく異なる。二〇一〇年から二〇四〇年にかけて、中央区は二二%増えるが、足立区は二四%減る。人口減少問題は、マクロの数字だけで考えるのではなく、詳細なミクロの分析が重要である。

「率」と「数」の両方を見ることが重要であるという指摘もそのとおりだ。東京は高齢化率こそ地方に比べ低いものの、人口が多い分、高齢者の数が多い。東京圏一都三県でみると六五歳以上の高齢者は、二〇四〇年にかけて現在の横浜市に匹敵する三八七万人増加する。これら膨大な数の高齢者への対策を考えなければいけないということだが、これは「率」だけ見ていてもわからない。「率」ではなく「数」そのものが問題なのだ。結局若い人がどれだけその地域に居続けるかが大事であって、豊島区のように若者の流動性の高い自治体は人口が減る。

〝シルバー民主主義〟という難題

河合　〝常識のウソ〟といえば、これも再確認しておきたいのだが、少子化の問題と高齢者が増える問題は別個の問題だということ。それを世のなかは少子高齢化問題と一括りにして混同しているきらいがあるのではないか。さらにもう一つ、働き手である労働者が減っていく、勤労世代が減っていくという深刻な問題がある。

いま同時に起きているこの三つの問題は、ようやく少しずつだが、多くの人たちが理解するところとなってきた。

人口減少は、この三つが合わさって起こっている。この問題が難しいのは、これら対処法の違う問題に同時に取り組まなければならないからだ。もちろん人口減少に歯止めをかけるには出生数を増やしていくしかない。だからといって少子化対策ばかりに予算を投じて、取り組んでいたのでは高齢化問題や労働力不足が深刻化してしまう。つまり、このバランスを図りながら政策を講じていかなければならない。

だが現実には、政府はこれまで高齢者対策ばかりに力点を置いてきた。大きな理由は、政策の意思決定メカニズムが高齢化していることだ。有権者総数に占める六五歳以上の割合は、かつて一割に満たなかったが、いまや四分の一を占める。これは高齢化が進むと半数近くにまで膨らむ。しかも、一般的に高齢者のほうが、若い世代よりも投票率が高い傾向にある。政治家にしてみれば、有権者の多数を占める高齢者やその〝予備軍〟の年配者の意向に反する意見は言いにくい。反感を買えば、次の選挙で「落選」という手痛い洗礼を受けかねないからだ。選挙基盤が弱い議員ほど恐怖心が募るであろう。いわゆる〝シルバー民主主義〟という弊害だ。

有権者の意識にも問題はある。多くはそうではないのだが、「わずかな負担増も許さない」

という姿勢の人は相当数いる。後期高齢者医療制度の導入時の反発などはその典型例である。必然的に、与党内からは、負担増案が浮上するたびに「次の選挙で戦えない」という声が噴き出し、高齢者向けサービスを手厚くする政策判断へと傾いていく。

先にも触れたように、ただでさえ「産めよ殖やせよ」につながるという国民の反発を忌避して少子化対策は後手に回りがちなのに、〝シルバー民主主義〟の影響で、結果として人口減少と勤労世代の激減に拍車をかけることになってきたわけだ。

「男社会」の弊害

増田　これは本書のなかでも私が声を大にして言いたいことだが、この三つの問題に歯止めをかけ、解決に導く鍵は女性だと思う。

元来、社会のなかで高齢者を支えていたのは、その家に嫁いできた〝お嫁さん〟であった。介護にしても、やはりお嫁さんに委ねられるケースが多かった。それが介護保険などの導入により、お嫁さんを筆頭とした女性だけでなく、社会全体で面倒をみようという仕組みに変わり、その結果働く女性が増えた。

一方で、若い女性が仕事と出産の選択を迫られるのは変わっていない。男性同様仕事を

20〜39歳女性が50％以上減る自治体

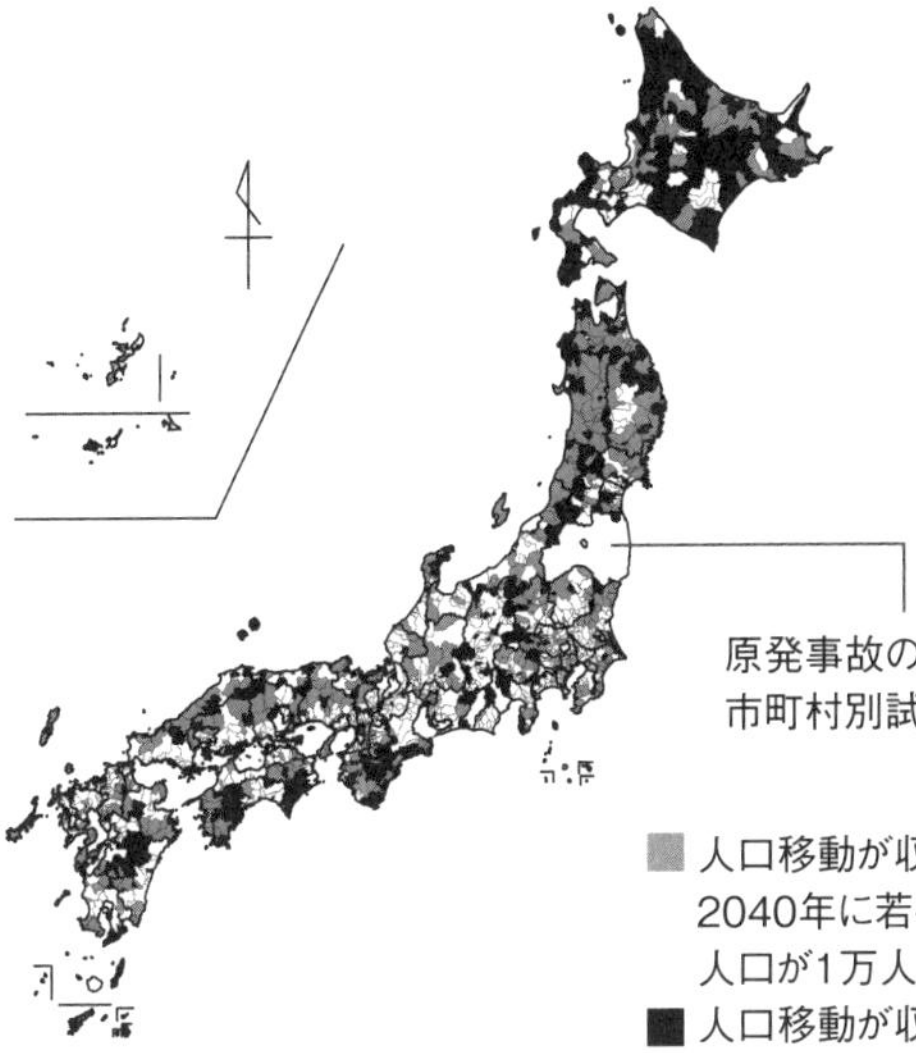
原発事故の影響で、福島県の
市町村別試算はしていない
人口移動が収束しない場合において、
2040年に若手女性が50％以上減少し、
人口が1万人以上の市区町村（373）
人口移動が収束しない場合において、
2040年に若手女性が50％以上減少し、
人口が1万人未満の市区町村（523）

出所：日本創成会議・人口減少問題検討分科会の「ストップ少子化・地方元気戦略」から

求めての大都市への人口移動が晩婚化・晩産化を惹《ひ》き起こし、出生率低下を加速させ、少子化という深刻な状況を生み出している。

ところが、日本はいまだに「男社会」。政治の世界においても女性議員が増えたとはいえ、保守系の会派に至ってはほとんど女性がいないのが実情だ。

地方議会をみるとさらにその傾向が強い。公明党、共産党などは割合意識して女性を送り出しているけれど、総じて男性偏重の誹《そし》りは免れない。

女性登用が叫ばれているにもかかわらず、企業や、それを批判するマスコミ自体もそうだが、社会のありとあらゆるところで男社会が蔓延《まんえん》している。中央官庁もまだ進んでいるとは言えないだろう。シルバー民主主義もさることながら、本当の意味で女性の社会進出を阻む悪しき「男社会」の弊害も正面から指摘しておきたい。女性の社会での生き方とかあり方を本当にこれから一〇〇年先のことまで含めて考えていかなければ、解決策など出てこないのではないか。

女性が男性に伍して社会で働き、なおかつ出生率を高めていったのが三、四〇年前の北欧だった。北欧ではそれを実現するための「働き方改革」に積極的に取り組んだが、日本はまだそれができていない。

日本にはM字カーブが出現する（出産・育児期にあたる三〇歳代で就業率が落ち込み、子育てが一段落した後に再就職する人が多いことを反映している）が、ノルウェーはじめ欧州諸国ではそれを解消するために、国会議員、地方議員、企業取締役、企業管理職などにクォータ（割り当て）制まで導入した。クォータ制に対する是非はあろうかとは思うけれど、とにかく積極的に解決していった。

これからは事実婚を含めて家族のあり方についても検討の余地はあるだろう。女性の働き方を考えるとき、それは裏を返せば、男性の育児の問題が浮上してくるわけで、まだまだ日本はヨーロッパに比べて相当遅れているのは否めない。

「二〇二五年問題」と「二〇四二年問題」

河合　政府内の動きをみていても少子高齢問題をどこまで理解しているのか首をひねることが少なくない。私は常々「日本における最大のピンチは二〇四二年だ」と訴えてきた。なぜ二〇四二年かと言えば、日本の高齢者数がピークを迎える年だからだ。これを私は、団塊世代が大病を患いやすい七五歳以上となり、医療・介護費がかさむことが懸念される「二〇二五年問題」に対して、「二〇四二年問題」と呼んでいる。

二〇四二年問題がより深刻なのは、社人研の推計を見ればわかる。同年の高齢者人口は三八七八万人になるのに対し、勤労世代である二〇～六四歳は二〇二五年に比べて一三四五万人も少なくなることだ。

第三次ベビーブームは到来しなかったのに、団塊ジュニア世代が高齢者となるのだから当然と言えば当然だ。二〇四二年以降も高齢化率は伸びるが、高齢者向け施策は人数がいちばん多くなる同年に合わせて対策を進めなくてはならないだろう。もちろん、社会コストが大きくのしかかることになる。

もう一点、「二〇四二年問題」の厳しさは、貧しい高齢者が増えることにもある。就職

高齢者人口の将来推計

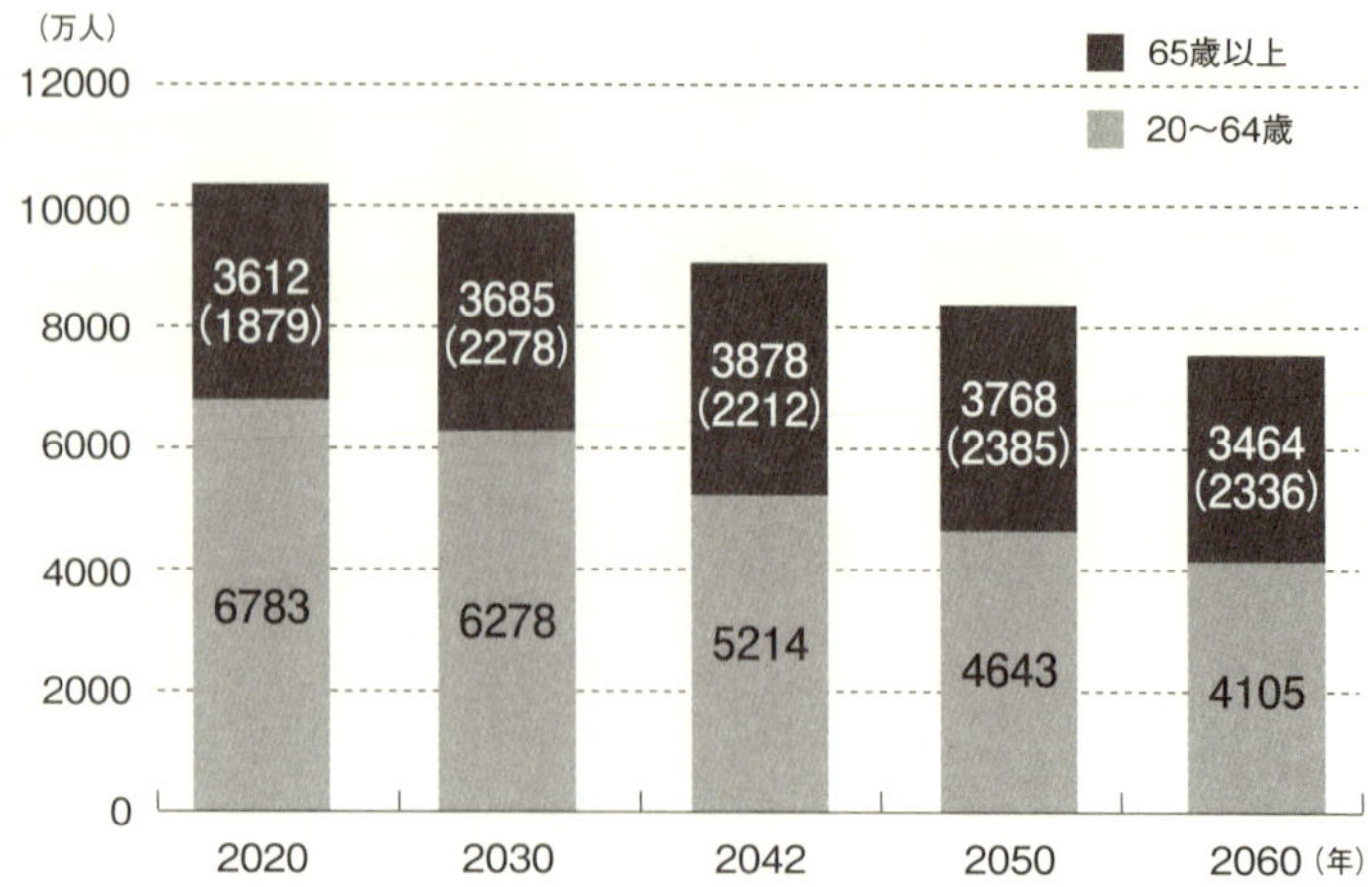

※（　）内は75歳以上の人数。出所：国立社会保障・人口問題研究所の資料から

氷河期と重なった団塊ジュニア世代には、思うような職に就けなかった人も多く、これは将来低年金や無年金者が増大する予測に結びつく。昨今の未婚者が年を重ね、独居高齢者もさらに増える。間違いなく、これは深刻な社会問題となる。

しかし、残念ながら現在、政府が進める社会保障・税一体改革の主眼は「二〇二五年問題」対策だ。

「二〇四二年問題」を乗り切るための準備はすぐにでも開始しなければ間に合わなくなる。

私は、ただちに年金の支給開始年齢の引き上げと本格的な少子化対策に着手すべきだと考える。両政策とも相当の年月を要し、二〇四二年までの「時間」はさほど残されているわけではない。

支給開始年齢の引き上げとは、二〇四二年時点の〝高齢者数〟を減らすのが目的だ。日本ほど高齢化が進むわけでない米国やドイツですら六七歳、英国も六八歳まで上げる。日本は現在六五歳へと移行中だが、欧米並みにすることを避けるわけにはいかないだろう。

支給開始年齢の引き上げは誤解によって進んで来なかった。本来その対象は「将来の高齢者＝若い世代」だが、構想が持ち上がるたびにその時点の高齢世代が反発して先送りされてきたのだ。この誤解を解くだけで手間がかかる。

また、高齢者雇用の充実も必要であろう。引き上げが決まったとしても即座に実行に移せるわけでない。人生設計に多大な影響を及ぼすため、何十年もかけて進めざるをえない。

一方、少子化対策は二〇四二年の勤労世代を増やそうというものだ。しかし、こちらも一足飛びには行かない。生まれた子どもが成長して働き始めるのに、足かけ二〇年近くの年月が必要だからだ。

政策で産みやすい環境を整えることができたとしても、最終的に結婚、出産するかどうかは国民の判断に任せるしかない。

政府が対策に乗り出したからといって、ただちに社会の雰囲気が変わるわけでもない。

しかし、いまや日本の少子化は〝危険水準〟にある。厚生労働省の発表によれば、二〇一四年の出生数は約一〇〇万三五〇〇人で、過去最少を更新した。一〇〇万人の大台割れも時間の問題であろう。「いよいよ減って来た」との印象である。子どもが生まれてこない現状の打開には、結婚支援策や第三子以降への手厚い支援が求められるのに、政治家や官僚は批判が出にくい一律の子育て支援策でお茶を濁してきた。

政府は二〇二五年問題への対応で手いっぱいなのだろう、二〇四二年問題の検討は遅々として進まない。政治家も官僚も目の前の課題をどうこなすのかが自分たちの成果、評価となるので、そんなに遠くのことまで一生懸命になれないということかもしれないが、本当はもっと腰を据えて長期展望を持った政策分析、調査をすることができる機関が政府や国会に設けられるべきだ。内閣が替わるたびに一から議論をやり直さなくてもいいような形が望まれる。

二〇四二年問題に対応するには、二〇四〇年代初頭に社会の中心となっている現在の一〇代、二〇代に問題意識を持ってもらうことが重要となる。若い世代に「日本の未来」を考え、発言する機会を提供することは、今の大人たちの責務でもある。

増田 「二〇四二年問題」に上手に対応するためにも「二〇二五年問題」への対応のしかたが重要だと思う。単に医療・介護費を抑えるということではなく、国民が将来を見据え、暮らし方やライフスタイルを多様に選択できるように仕組みをつくっていく。

たとえば、現在、政府は、高齢者の地方移住の促進をはかろうとしているが、想定している一つは、ふるさと回帰だ。これは高度成長期に地方から東京に出て来た団塊世代には有効だが、東京生まれでふるさとを持たない団塊ジュニア世代には必ずしも有効ではない。そういう人たちが、まだ十分若いときから地方との関係をつくれるような仕組みづくりなどが必要になるだろう。

また、「必要は発明の母」という。特に介護は労働集約的な産業だが、人手不足になることはわかっているのだから、もっとＩＴを活用したり、ロボット化を進めることが大事だ。日本には十分な科学技術力がある。そういう産業を伸ばし、将来の輸出産業に育てていくという発想が必要だ。

日本は、団塊世代と団塊ジュニアの二つの山しかないのだから、団塊ジュニアが高齢化するのに合わせた対策が必要だ。まだ先のことだからと思っていると対策の遅れが日本（国家）の消滅を招く。

(4)東京の超高齢化問題

「地方消滅」東京も当事者

河合　さて、話を本書のメーン・テーマである「東京」の問題に移したい。増田さんの前著『地方消滅』でも指摘されていた東京一極集中の弊害についてだ。私は「東京問題」は大きく二つあると考えている。一つは『地方消滅』にもあるように地方から東京への流入問題。そしてもう一つは、東京そのものが高齢化をしてしまうことだ。この弊害は地方創生の議論から抜け落ちることが多かった。しかも、東京圏に住む人々の危機感は希薄だ。これからも「東京」はずっと「東京」であり続けると思っている。

前者の問題は、冒頭でいみじくも増田さんが言われたように、いままでは地方からみて、東京が一等上で、東京に出て行くこと自体がサクセスストーリーであったことが大きな要因だ。

これを東京の側からみると、やはり東京の〝若さ〟の根源とは実は地方であったことを如実に表している。地方から若い人たちが集まってくることで、結果として東京の街は若々しさを維持してきたけれど、いよいよ〝吸い上げる〟若者がいなくなってくると、東京のいままでの成功モデルは崩壊せざるをえない。つまり、地方の消滅とは結局、東京の消滅を意味するわけだ。

言い換えれば、人口ボーナスで若い人が多かった戦後の日本にあっては、首都にたくさんの人を集めることが最も効果的な選択であったが、日本人の半分が高齢者になると、当然ながらこうした成功体験は通用しなくなる。

後者は、こうして流入してきた〝昔の若者たち〟が年齢を重ねても故郷に戻ることなく、東京に住み続け、高齢化してきたということだ。すでに高齢者数は激増し始めている。

しかも二つの問題は複雑に絡み合ってもいる。東京に出てきた若者が地方の年老いた親を呼び寄せるからだ。社人研の推計によれば、一都三県で二〇一〇年から二〇四〇年の三〇年間で三八七万人も高齢者が増える。これは東京の成長を阻害する要因となるだけでなく、「東京」という街がその姿を大きく変えざるをえなくなるということだ。

けれども、世のなかの反応を見ていると、地方消滅は地方にのみかかわる問題で、東京はずっとこれからも繁栄を続けていくととらえている向きが圧倒的に多い。

とりわけ東京生まれの東京育ちの人たちは同情心を携えて「地方、お気の毒ですね」というイメージで、まったく他人事の感覚が強い。私などは、「これは地方のみならず東京に住むあなた方自身の問題なのだ」と声を大にして申し上げたい。

増田　豊島区が対象となったことが大きく報道された。しかし豊島区は、「日本創成会議」の提言を警鐘と受け止め、女性が暮らしやすい街づくりのさらなる推進を図っていくため、子育て世代である二〇～三〇歳代を主体とする「としまF1会議」を立ち上げ、当事者の意見やニーズを掘り起こすとともに、女性の区政参加を促進している。

先般お会いした豊島区長は、「最初はなにっ！　と思って反発したけれど、むしろこれをテコに豊島区を変えていこうと割り切った」と話していた。われわれの提言を逆バネとしてうまく使ってくれた好例と言える。足立区（若年女性人口推計減少率△四四・六％）、杉並区（同△四三・五％）なども豊島区（同△五〇・八％）と同様の状況と言える。また、東京のなかでも江東区、練馬区、新宿区、中央区、港区などこれから総人口が増えると予測されている区がいくつかある。ただし増える予測があったとしても、いずれ長期的には減っていくわけである。そこを理解しなければならない。

東京の高齢化については河合さんの指摘されたとおりだ。やはり東京は、世界と競争する国際都市として成長していくことが大事だ。そのためには、ニューヨークやロンドンのように世界から優秀な人材が集まる都市にしていく必要があり、英語が通用する国際標準の医療機関など環境整備に投資していく必要があろう。少子化対策や高齢化対策についてできるかぎりのことはやるとしても、もっと地方に協力を求め、負荷を減らしていくことを考えてもよいのではないか。

東京一極集中は地方の年金経済を奪う

増田　問題は大きく二つある。一つは東京都の控えめなデータ発表でさえ、介護難民が四万三〇〇〇人もいることが挙げられよう。また介護施設への入居待機者が一つの施設ごとに一〇〇〇人を超えているという現実が横たわっている。

地価が高い東京圏で施設は簡単に増やすわけにはいかないし、七〇歳、八〇歳の人を入れるのに、二〇年、三〇年待たなくてはならない、というような笑えない事態となる。いまでさえ、働き盛りの人間が泣く泣く会社を辞めて親の介護をするケースが急増している。こうした深刻な状況はますます加速するであろう。

一方、東京の一極集中は地方にとり際立って深刻な問題が発生している。

かつて岩手県のある中山間地の町の経済を調査したところ、全体のボリュームの三分の一がいわゆる年金経済であることが判明した。すなわち、高齢者にわたる年金がそのまま地元の消費につながっているわけだ。

これは私の知事時代の半ばあたりだから、まだ公共事業がいまよりも多かった時代だ。地方経済の三分の一程度が国から来る公共事業で、地元の建設事業を実施して落ちる金。それと自前の農業や商工業が三分の一のまさしく三割自治で、残りの三分の一は年金と医療だった。ところが、いまは高齢者がどんどん減ってきているから、そもそも年金がこない。年金経済が回らなくなった地域の消費がどんどん冷え込んでいる。

しかし日本全体でみれば高齢者は増えている。その大半が東京にいるため、年金によるカネも地方ではなくて東京にばかり集中する。人も東京、カネも東京、第二の交付税と言われる社会保障費も東京に集中する。

これは地方にとり非常に深刻な問題であると言える。東京が高齢化で悶《もだ》え苦しむにしても、地方はそういうことは過去に経験しているから安閑としていられるかといえばそうではない。地方の経済が消えかかっているのだ。

それならいっそのこと空き家が多数あるわけだから、故郷から出て行った人々を家賃をただにしてでもどんどん呼び返して、故郷で生活してもらうか、あるいはガラガラになってしまった施設にでも入ってもらったほうがいい。

待ち受ける〝医療・介護地獄〟

河合　私も講演などを通じて「これから東京圏では〝医療・介護地獄〟が待ち受けている」ということを繰り返し訴えてきた。なぜならば、高齢者が増える東京そのものが、ずっと若者中心の街づくりをしてきたために、なかなか高齢化に対応した街になっていない。この準備を迫られる東京圏の自治体は大変ではないかと思う。

都心は言うに及ばず、高度経済成長期にサラリーマンが戸建て住宅を求めて移り住んだ東京郊外の自治体は高齢化が大きく進む。こうした郊外の自治体も若い人向けの効率的な街づくり、ビジネス中心の街づくりを進めてきたところが多い。こうしたところでは医療機関や介護施設の建設があまり進んでおらず、今後も圧倒的に足りなくなるはず。東京一極集中の是正を考える場合、この問題の解決を避けて通ることはできない。

もう少し、詳しく述べよう。先程も少し触れたが社人研の推計では、東京圏の六五歳以上は二〇一〇年の七三一万八〇〇〇人から、二〇二五年は九五五万人、二〇四〇年には一一九万五〇〇〇人と一・五倍に膨らむ。

いうまでもなく、高齢者が増加すれば、患者も増える。日本医師会総合政策研究機構の

「地域の医療提供体制の現状と将来―都道府県別・二次医療圏別データ集（二〇一四年度版）」によれば、二〇一一年に比べ二〇二五年の東京都の脳血管疾患の入院患者は五三％、糖尿病は三九％、虚血性心疾患は三七％増えるとの予測だ。総数では、入院患者は三四％増、外来患者一一％増という。

もちろん大病院が集中する東京は、日本最大の医療集積地だ。ところが、それは高度な医療を行う病院が集積しているのであって介護を要する高齢者用のベッドは極度に不足しているのだ。仮に、高度な治療を受けられたとしても、その後、転院先や療養先に困ることになる。

しかも、同データ集によれば、介護保険施設のベッド数と高齢者住宅を合わせた高齢者向けのベッド数は、七五歳以上一〇〇〇人あたり一〇〇で全国の一二一を大きく下回る。東京二三区の一部では危機的な状況にあるという。

国土交通省の首都圏白書（二〇一四年版）によると東京圏全体でも、二〇一二年の人口一〇万人あたりの病床数は九四〇床で全国平均の一三三六床に比べかなり低い水準だ。

六五歳以上一〇万人あたりの老人福祉施設の定員も全国平均は五〇九人だが、首都圏は三一五人だ。「国土のグランドデザイン」は東京都の介護施設利用者数が二〇二五年には二〇一〇年の定員数の二・五倍程度に膨れあがると指摘している。

そもそも、地価が高い東京で高齢者向けの病院や施設を新設するのは容易ではない。しかも、政府は社会保障費の抑制に向け病院や介護施設から在宅医療・介護へのシフトを進めており、施設整備が一挙に進むとはとても考えづらい。

通院できない高齢者、「買い物難民」も続出

河合　問題は病院の絶対数が足りないということだけではない。これだけ階段が多くて通勤距離が長いということは、高齢者にとってみると都心の病院に通うのも大変になるだろう。

　都心には優れた病院が揃《そろ》ってはいる。比較的若いうちは通院できるけれど、次第に自分の体が弱ってくると、最寄りの駅にたどり着くのもひと苦労となろう。駅の階段を上るのもひと苦労。通院するのもひと苦労みたいな〝通院難民〟だ。いま考えている以上に東京は医療が〝遠い〟街になっていくのではないか。私はそう思っている。

もちろん、厚生労働省も対策を進めてはいる。その一つは病院機能の再編だ。若い世代が減り、高齢患者が増えれば疾病構造は変わる。高度な治療を行う病院を減らし、慢性期病院などに転換させて高齢患者の受け入れを増やそうというのが狙《ねら》いだ。しかし、これは個々の病院の利害がからむだけに一筋縄ではいかない。東京圏には若い世代も多く、極端な転換も起こりにくいだろう。

もう一つが、自宅などで暮らし続けられるよう医師や看護師、介護職員などが連携して在宅医療・介護サービスや生活支援を行う「地域包括ケアシステム」の構築だ。これは中学校区単位で、地域住民も巻き込んで高齢者を支える仕組みをつくろうというのだ。だが、一人暮らしや夫婦とも高齢者という世帯が増えた。東京圏では住民同士の結びつきが希薄な地域も少なくない。これまで十分なコミュニティーを築いてこなかったのに、はたして厚労省の机上の計算どおりに地域包括ケアシステムが機能していくのか疑問が残る。このままでは全国でも突出して〝医療・介護地獄〟とも言うべき風景が広がりかねない。十分な老後資金を蓄えている富裕層ならいざ知らず、一般的なサラリーマンを退職した人々が老後も東京圏に住み続けようとすれば、〝医療・介護難民〟に陥るリスクへの覚悟を求められるようなものだ。

高齢者にとって住みづらさは、医療・介護だけではない。わかりやすい事例を挙げよう。

もうすでに始まっているのだが、都心型の〝買い物難民〟が出現している。彼らの買い物を手伝ってくれる若い人がいない高齢者だけの住宅が東京のなかにも多数存在しているのだ。

もともと商店街が成り立ちえなくなってきた頃からなんとか自分で地下鉄に乗って買い物に行っている人たちがいる。自らの足で買い物に行けなくなると、タクシーに乗って買い物に。そんなバカみたいな話を真面目に考えなければいけなくなる状況が迫りつつある。ここにきて、われわれのもっともっと身近なところで、東京の住みづらさが浮上してきているように思うのだ。

高齢化対応の街には変えられない東京

増田　結論から言えば、正直、東京は高齢化に即した高齢化対応の街には変えられないと私は考えている。というのは、東京の中心部にビジネス拠点が集中しており、通勤時間が平均で六九分、若い人たちは九〇分程度時間をかけて通う都市構造ができあがってしまっているからだ。

私が通った高校は新宿区の都立戸山高校で、当時は高校のすぐ脇には活気にあふれた大

2025年の患者増加率（2011年比）の推計［東京都］

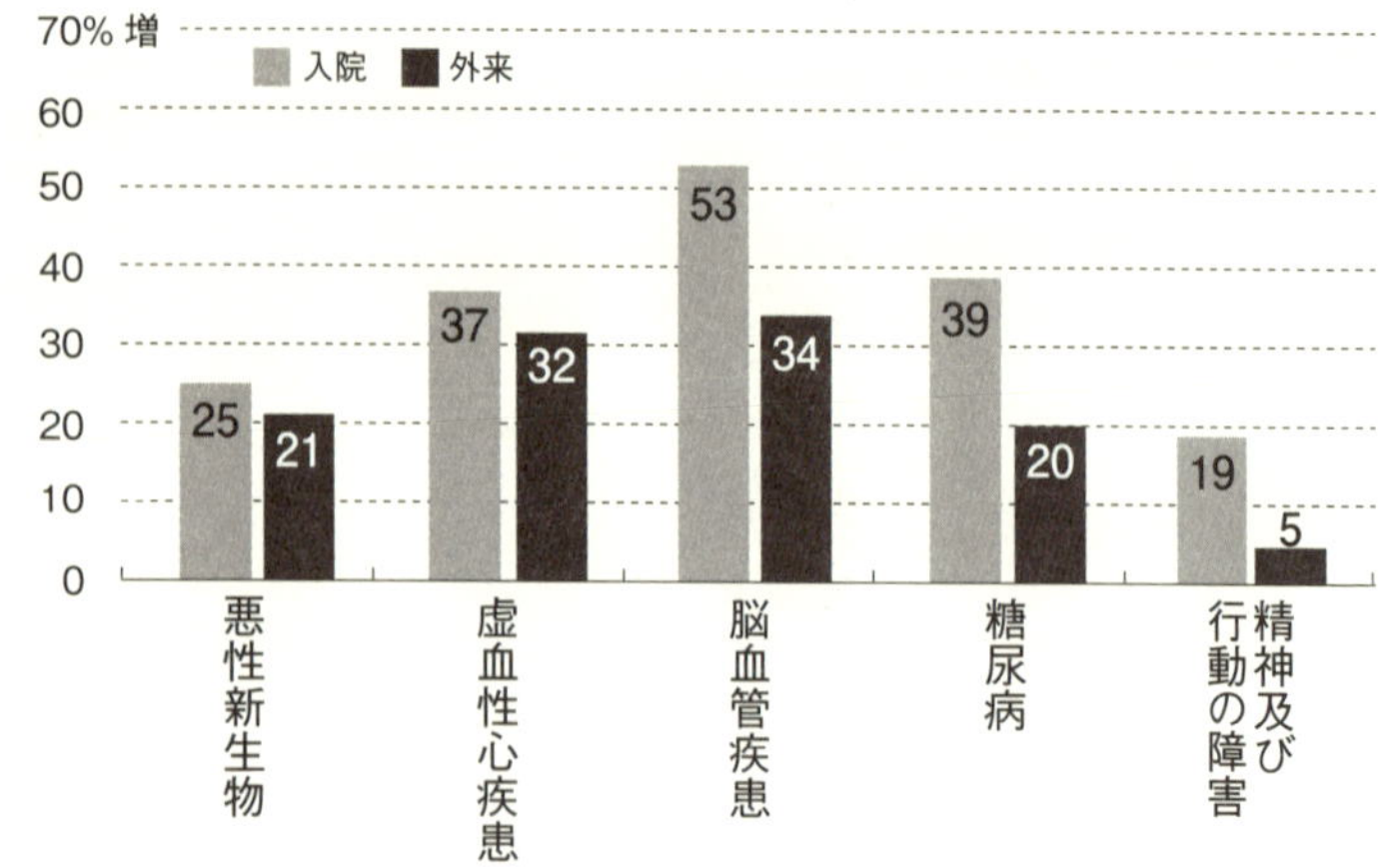

出所：日本医師会総合政策研究機構の資料から

規模な戸山団地がそびえていたけれど、いまは見る影もない。孤独死も多いらしい。

昔は商店街がそばにあったから、みんな地元で買い物ができた。いまはそうした形態の商店街は都心では成立しない状況となった。

買い物に不便なところには若い人たちは入居しないし、地価の問題もあるし、東京がどんどん外縁化している。あえて東京圏でなんとか高齢者を受け入れるためには相当郊外に出て行くことを考えざるをえない。

ところが関係者の話を聞くと、東京の郊外でもそんなに余地が残っていないようである。さらに外側の栃木あたりまで行かないと、数的にも難しいのではないか。

さまざまな経済誌において病院ランキン

グの特集が組まれており、トップクラスの病院が東京に勢揃いしている。それを見るかぎり、高齢者にとって東京に住んでいるのは安心なように思えるが、現実は非常に厳しい状況だ。

高齢化対策をしてきた厚木、八王子でさえも

増田　国土交通省関東地方整備局が国土形成計画のブロック計画で議論しているのだが、すでにかなりの地域が高齢化となっている。

首都圏白書を見ると、国道一六号線沿いの八王子、厚木などの地域が際立って高齢化が進んでおり、七五歳以上、八五歳以上が急増する予測がなされている。

老人福祉施設をどれだけ建てられるかだが、おそらく金の問題よりもそれを支えるマンパワーのほうが大変ではないか。高齢者たちを支えるマンパワー自体がその近辺に住む必要があるからだ。こうして考えてみると、東京圏における老人福祉施設の建設が間尺に合わないことが浮き彫りになってくる。

八王子や厚木などの自治体は都心部に比べれば、高齢化対応の街づくりをそれなりに進めてきたところだけれど、それでもかなり苦しい。対応スピードよりも高齢者数の急増ス

ピードのほうが上回っているからにほかならない。

それらの地域の施設数を急激に増やすわけにはいかないことから、その先を物色せざるをえない。聞けば、県境を渡ったあたりのケアマンションを東京の人たちが争って購入しているようだ。おそらく住民票は東京に置いておいて、高齢者だけがそこに入居し、ときどき息子が見に来るようなパターンだと思う。

(5)「集積の経済」東京の終焉

「低出生率」「高齢化」で喘ぐ東京

河合　東京という街の高齢化は「経済都市」としての機能に少なからぬ影響を与えるだろう。自治体は高齢者向けの行政サービスに追われるし、マーケットも高齢者向け商品開発にシフトせざるをえないからだ。

東京でもこれまでのようにはモノが売れなくなるだろう。新宿や渋谷、池袋といった巨大ターミナルですら、飲食店やファッションビルの小売り店舗の在り方が激変するとの予測まである。ところが、これまで述べてきたような医療・介護の厳しい状況が待ち構えているのを知ってか、知らずか、若者の東京への人口集中については、歓迎する見方が少なからずある。東京はこれまでも優秀な若者を寄せ集め、世界の都市間競争に勝って成長してきた「集積の経済」への郷愁だ。

このため、地方「消滅」の危機が叫ばれながらも、「日本経済の将来を考えれば、東京への一極集中を否定するわけにはいかない」といった意見はなくならない。

今後もこうした成長モデルが成り立つのであればいいが、前章で述べたように、残念ながら人口減少社会は、それを許さないだろう。東京は地方の若者を吸い尽くし、その源泉は枯渇寸前にあるからだ。

また、東京一極集中モデルが成立しなくなるだろうという理由の一つに、地価の問題がある。高齢化がどんどん進むにつれ、東京も例外なく空き家が急増している。

そう遠くない将来には東京圏ですら、外国資本が競って購入するような都心部の一部の高級マンションは別にしても、家の値段も土地の値段もつかない地区が出てくるだろう。すでに東京郊外の駅からバスを使わなければならないような地域の中古マンションは数百万円で売りに出されている物件まである。

そうなると、東京の土地の値段の高さ、上がり方が富を生み、それをベースにしてまた次の事業を展開していくという、東京ならではのビジネスモデルも成り立たなくなってくる。

増田さんも言及された空き家の急増は、都市インフラをも急速に劣化させていく。インフラは人口規模に合わせて拡大する分、維持できないとなったら、「お荷物」になるということだ。それは民間の再開発についても同じことが言える。東京は再開発を繰り返すことで街を活性化してきたが、それができないとなれば、美観も含めて街はさびれる。

先程も話に出たが、高齢化問題に追われた東京では、とても経済一色でなりふり構わず突き進んだ時代のようにはいかない。われわれは「東京一極集中」という〝成功体験〟にいつまでもとらわれてはならないと思う。この点について増田さんのお考えは。

増田 集中の経済でいままでは東京に人、資本、情報も含め、さまざまな要素を一極集中させることにより、日本はアジアのなかで突出した先進国になることができた。主役をつとめてきた東京は世界三大都市と称されるほど、世界のマーケットを引っ張っていくパワーを持ち続けてきた。

この成功モデルは二一世紀初頭まではうまく機能してきたと思う。だが、これまで日本を牽引《けんいん》してきた東京がもう成り立たなくなってしまう。そのことが実は「地方消滅」の真因となるわけである。

日本を先進国、一流国たらしめる推進エンジンだった東京が機能しなくなろうとしている。

仮に大阪や福岡に、東京に匹敵するような際立つパワーがあるならば、東京は高齢者対応にもっと専念できた。それならばなんとかもつ可能性もあったろう。

けれども、現実にはそうではなく、東京は推進エンジンとして日本経済全体を引っ張っていくという大事な役割を担っている。世界の都市間競争で、あるいはアジアにおいてシンガポール、ソウル、上海と戦えるのは東京以外にない。したがって、熾烈《しれつ》極まる都市間競争のなかで、高齢化対応ばかりに集中できないつらさがある。

都市間競争に勝ち抜くには、高齢化対応よりもどれだけ成長のために投資余力を残しておくのかにプライオリティを置かなければならない。となると、やはりこれから東京がなにでメシを食って、なんで生きていくのか。それは日本全体が生きていくための戦略と密接に絡んでくる。

次に地価の問題に関してだが、不良資産の所有が自身を〝破産〟に近づけるといった意識の切り替えができていない人は多い。以前ほどではないとはいえ、土地神話を意識のなかで依然として引き摺《ず》っているからである。東京が人口減になるとまさにそういうことが現実に起きてくる。

もともとマンションや一戸建て住宅の価格が高く、無理をして購入した人たちが受けるダメージは地方に比べて東京のほうが圧倒的に大きいだろう。

東京二三区で、下手に土地の上に古い家屋があるところは、これからますます大変なことになっていく。地域によっては、除去費用を捻出するのに四苦八苦するところも出てくるだろう。まさに不良資産を個人が大量に抱えて、それでますます沈没していくような格好になりかねない。

いままでうまくいっていたがゆえに、駄目になったとき、価値が変化したときに受ける東京のダメージの大きさは、地方が受けるダメージの比ではないだろうと思う。方向が一八〇度変わるのがいちばんのマイナスインパクトをもたらすわけだ。

東京をどうするのかというグランドデザインがない政府

河合　私の知るかぎり、これから東京をどうするのかという本当に緻密《ちみつ》なグランドデザインを政府は描き切っていないし、われわれ国民も、これだというクリアなものを持ち合わせていない。

増田　東京はこれから激しくなる一方の高齢化対応をしなければならない。加えて、日本でいちばん進んでいる少子化対応もしなければならない。それだけではなくて、集中の経済を引き続き行っていくために、特区をつくって海外資本、海外人材も呼び込まねばならない。

これらを相変わらず同時にやり続けようとしている。なんとかいままでの成功モデルを一年でも長くやり続けようというふうにしか私にはみえない。

舛添要一東京都知事は「東京五輪は東京を高齢者仕様の街に転換する千載一遇《せんさいいちぐう》のチャン

ス。東京の高齢化対策をすべて都内で解決したい」と訴え、特養建設はじめ高齢者に優しいインフラ整備に取り組もうとされているものの、現実的には不可能に近いのではなかろうか。

東京の問題は一都三県の広域連携体制を基本に国を挙げて議論していくべきだ。いままでは成長の部分も東京都に任せっきりで、都と都議会が議論して、各々のプロジェクトを進めていくパターンであった。

あらゆるプロジェクトに強い民間企業が参加していたから、すべてうまく回ったのだが、これからはもはや民間頼みでは済まない。まずは東京圏の将来像をどうするかを話し合う機会が必要ではないだろうか。

東京、大阪、名古屋、消えた三大経済圏体制

河合　私が子どもだった頃は東京、大阪、名古屋の三大経済圏と言われた時代だった、そのあとは東京圏と関西圏で、双発エンジン体制と言われた。「東京一極集中」という〝成功体験〟が通用しないとなると、これから人口が減っていくなかで、日本の経済圏はどう変化していくのだろうか。

増田　かつての三大圏体制は完全になくなり、いまは「東京圏対その他の都市圏、プラス地方圏」という構図になった。それをもう一度、東京を含む三大圏のような構図を考える必要があると思う。加えて、地方を搾取する三大圏ではなく、地方を支える三大圏のような構図が必要だ。

最近、中国地方を回ってみて、大阪がもっとしっかりしてくれたらとつくづく感じることが多い。大阪以西の地域から大阪に働きに行った若い人たちは、月に一、二回、地元に戻って親の介護をすることが可能だった。ところが仕事を求め大阪を飛び越えて東京に行ってしまえば、彼らはせいぜい年に一、二回しか故郷に帰ってこない。

リニアで名古屋も東京圏へビルトインされる

河合　若い人口が急激に減っていくという厳しい現実を突きつけられるなかで、地方の若者が東京に出て行く流れをなんとかして防ごうとする動きもある。この東京と地方のバランスはきわめて難しい。

名古屋はリニアの開通に伴うストロー現象によって、おそらく近い将来、東京圏にビルトインされるのではないだろうか。

大阪には奮起してもらって、なんとか関西圏を盛り上げてもらいたい。もう一つの極として有望視されるのが福岡を拠点とする北九州圏であろう。

増田　たしかに実際に上がってくる数字をみると、このところ福岡の経済が急激に伸びている。福岡が完全に神戸を凌駕《りょうが》するまでに至っており、福岡はもう一つの新たな極になりつつある。北部九州圏はアジアとの距離も近いし、外に出て行くには格好の拠点になる。アジア全体を睨《にら》んださまざまな動きの中心になりえるはずである。

札幌・仙台・広島・福岡は「札仙広福」と称され、有力ブロック経済圏と期待されてきたが、実際には九州新幹線の全線開通でさらにパワーアップした福岡の一人勝ちといえる。

広島は福岡と大阪のあいだで、これまでずっと大阪のほうばかり向いていた弊害が出ているようで、四国も含めた経済圏の勢いをプラスにできていない気がする。

「人口減少社会・日本」の縮図ともいえる北海道の拠点・札幌がパワー不足に喘《あえ》いでいるのは否めないし、仙台は復興の問題を抱えている。それでも札幌、仙台あたりがブロック全体の力をうまく発揮できる源になればと思う。

いずれにしてもいまのような東京一極の集積の経済は確実に終焉《しゅうえん》を迎える。これまでも幾度となく東京中心の危うさが取り沙汰《ざた》されてきたが、問題を俎上《そじょう》に上げる前に、東京が強ければいいとする勢力に潰《つぶ》されてきたという経緯があった。

だが、ここにきて風向きは明らかに変わっている。

地方消滅、その裏返しでもある東京一極集中の弊害と危険性がこれほど声高に叫ばれるようになったいま、これからどういう構造で日本国を支えていくかを議論しなければならない。

(6)女性に集中する負担

「日本でもっとも活用されていない資源は女性」

河合　第一部の最後に、労働力不足と少子化問題を考えてみたい。地方創生を考えるにあたって、その実状をしっかり押さえておくことはきわめて大切なことだ。まずは労働力不足についてだが、雇用創出によって若者を惹きつけることはもちろん大事なのだが、人口減少が進む地域ではその前の段階として労働力不足で仕事が回らなくなってしまう。

増田　女性が社会で活躍できる環境をつくることはそもそも当たり前のことではあるが、労働力という観点からも労働力不足を補うためには、やはり女性の力を引き出していくことが大切だ。総務省の「労働力調査」等からみると、二〇一三年には六五七七万人いた労働力人口が、二〇六〇年には三七九五万人にまで減少するという。むろん、女性の労働参加は就業者不足の穴埋め策として語られるべきものではない。社会がグローバル化し、しかも将来が見通せない時代なのだ。企業が競争力を維持するには多様性が不可欠であろう。

女性の労働参加が企業業績にプラスに働くとの検証結果は山ほどある。女性の活躍なくして日本の成長はありえないとの認識が必要だ。

長年「日本でもっとも活用されていない資源は女性」と指摘されてきた。総務省の労働力調査の基本集計（二〇一三年一二月）によれば、生産年齢人口（一五〜六四歳）の女性三九〇七万人のうち就業者は二四六九万人で六三％にとどまる。

働く意欲のある女性が職に就くようになれば日本は大きく変わる。雇用政策研究会は二〇三〇年の女性就業者が二〇一二年より四三万人多い二六九七万人になると試算。安倍政権は「女性の活躍推進」を日本再興戦略の柱に位置付け、二〇二〇年までに二五〜四四歳の女性就業率を七三％にする目標を掲げている。

河合　同感だ。政府には外国人労働者の受け入れを推進する動きもあるが、女性の活躍を推進していくほうが現実的であろう。外国人を受け入れるのとは違い、言葉や文化の壁がない。多くの女性は高等教育を受けており、仕事の能力も高い。同じく、働く意欲も能力もある高齢者が働きやすい環境を整えていく必要もある。なにも賃金労働にこだわることはなく、ボランティアで行政サービスの一部をお手伝いするだけでもいい。責任感とやりがいを持てば健康寿命も延びる。超高齢社会、人口激減社会においては、これまでの常識にとらわれず、動ける人がどんどん社会に出て行くことが求められることになるだろう。

労働力人口の推計

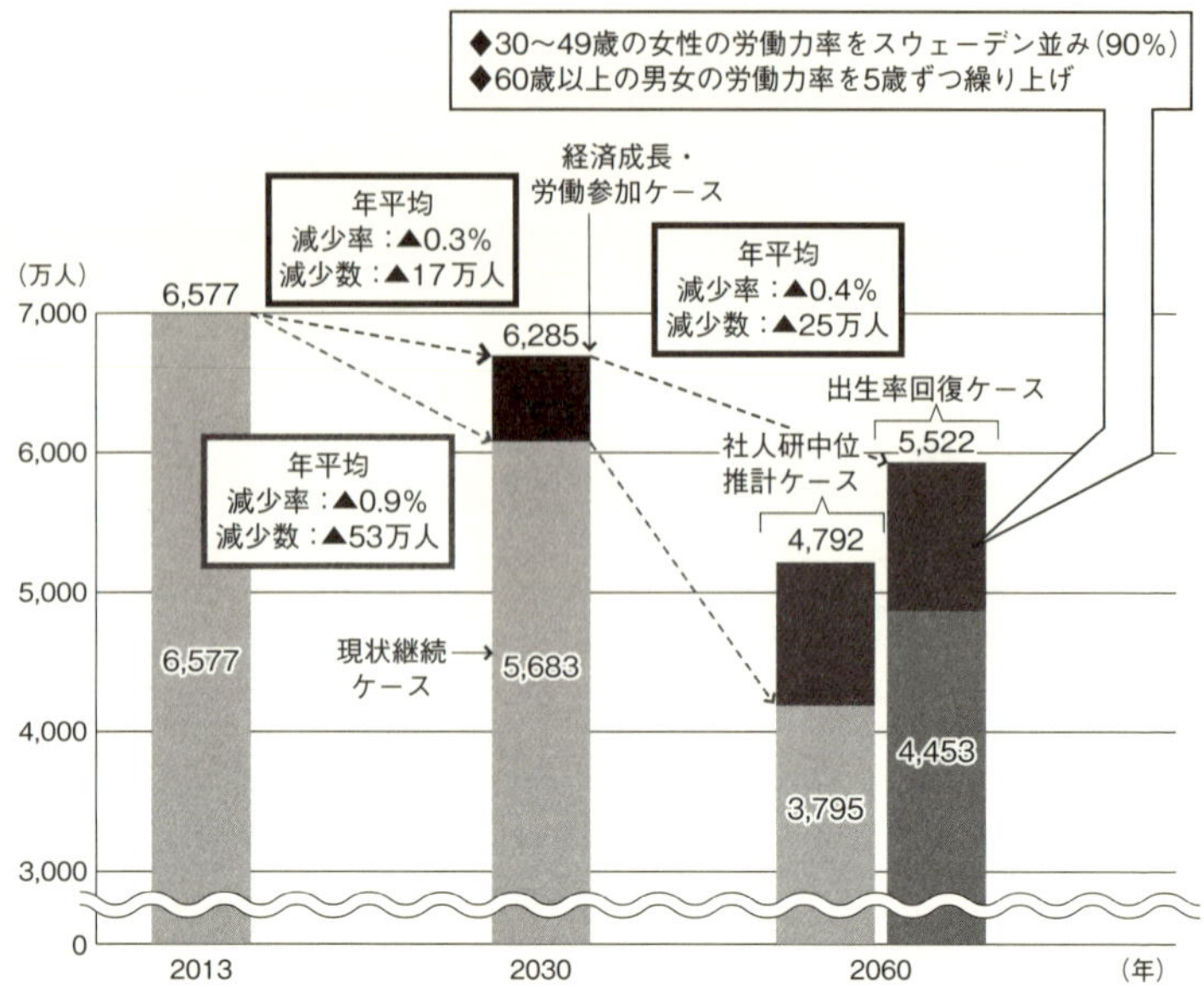

注1：労働力人口は、15歳以上の人口のうち、就業者と完全失業者を合わせたもの。

注2：現状維持ケースは、2012年の性・年齢階級別の労働力率を固定して推計したもの（厚生労働省雇用政策研究会推計）。経済成長・労働参加ケースは、女性、高齢者や若者層の労働市場への参加が進むとして推計したもの（厚生労働省雇用政策研究会推計）。例えば、30〜49歳の女性の労働率は、2012年71%→2030年85%に上昇し、M字カーブは解消すると仮定している。

注3：社人研中位推計ケースは、国立社会保障・人口問題研究所（社人研）が推計した2060年の性・年齢別人口に労働力率を乗じたもの。出生率回復ケースは、2030年に合計特殊出生率が2.07まで上昇し、それ以降同水準が維持され、生残率は2013年以降社人研中位推計の仮定値（2060年までに平均寿命が男性84.19年、女性90.93年に上昇）を基に推計した人口に労働力率を乗じたもの。

注4：2060年の労働力人口では、上記「1」の厚生労働省雇用政策研究会推計に加え、女性・高齢者の労働参加がさらに進むとし、30〜49歳の女性の労働力率をスウェーデン並み（2030年85%→2060年90%）、60歳以上の労働力率を5歳ずつ繰り上げて推計している。

出所：総務省「労働力調査」、厚生労働省雇用政策研究会「労働力需給推計」(2014)、国立社会保障・人口問題研究所「日本の将来推計人口（平成24年1月推計）」、スウェーデン統計局「労働調査」をもとに作成

女性の育児負担を軽減する社会全体の意識改革が必須

河合　一方で、女性の労働参加を阻む最大の要因は結婚や出産だ。日本には、二〇代後半から三〇代にかけて女性の労働力率が落ち込む「M字カーブ」がいまだに残っている。厚生労働白書によれば、第一子出産前後に約六割が退職している。

ただ、こうしたデータの解釈は気を付けなければならないところがある。女性の結婚・出産退職というと、必ず「仕事と子育ての二者択一を迫られている」との解説が加えられる。だが、そうとも言い切れない。

実は、二〇一三年版の厚生労働白書が退職理由を紹介しているが、一位は「家事・育児に専念するため、自発的に辞めた」だった。

二〇〇七年に内閣府が公表した「女性のライフプランニング支援に関する調査報告書」に興味深いデータがある。三歳以下の子どもがいる女性に「理想の働き方」を聞いているのだが、「働きたくない」が五七・六％だった。「残業もあるフルタイムの仕事」を希望した人はわずか〇・五％、「フルタイムだが残業のない仕事」も六・一％だ。出産後は家事・育児に専念することを前提としている女性は少なくないのだ。人生のコースは個人の価値

女性就業者数の将来推計

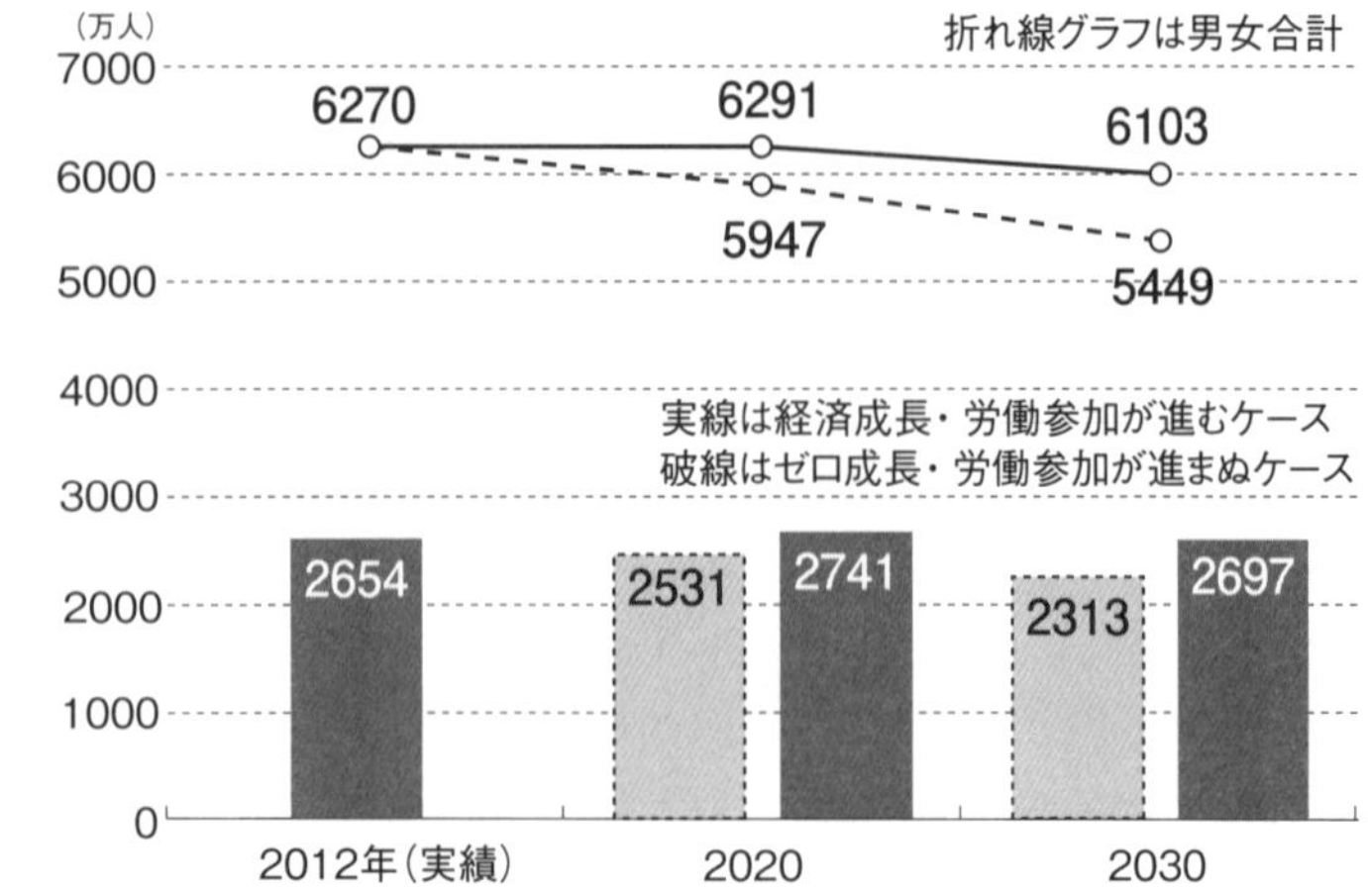

出所：厚生労働省の資料から

観に根ざしており、専業主婦という選択も尊重されるべきだと考える。

一方で、少子化社会対策白書によれば、出産を機に退職した人の四分の一が「仕事を続けたかったが、育児との両立の難しさで辞めた」としている。

背景には、女性に家事負担が大きくのしかかっていることがある。総務省の「社会生活基本調査」では一五歳以上の既婚者について週間家事時間を比較しているが、女性の五時間二分に対し、男性はわずか四七分だった。これでは女性が本格的に働くことは不可能だろう。出産する、しないにかかわらず、家事が主で仕事は補助的業務にとどめる「兼業主婦」にならざるをえない。女性の労働参加を促すには、こうした意思に反して辞めざるをえなかった人への対策を急ぐ必要があると言えよう。

政府は待機児童の解消に向けた保育所拡充に努め、男性の育児参加を促進するために育児休業給付をアップすることにした。女性登用に取り組む企業への支援強化も打ち出した。こうした政策を地道に積み上げていくのは言うまでもないことなのだが、最大のポイントは男性を含め働き方の前例や慣行を打ち破ることではないだろうか。

日本企業は長時間労働や転勤が昇進条件となっていることが多いし、男性が育休取得を言い出しづらい雰囲気もある。これでは男性の家事参加は進まず、能力ある女性が重要ポストで活躍することは難しいと言わざるをえない。なんと言っても、男性の家事負担への理解を含め、男性中心となってきた企業文化を改めることが重要なのだ。

男女の別なく多様な働き方を認めたり、育児休業からスムーズに職場復帰できるような人事体制を組んだり。女性の優遇という逆差別ではなく、能力によって評価し登用することだ。取り組むべき課題はまだまだ多いと言わざるをえない。

社会全体の意識が変わったときこそ、女性の活躍が実現すると思う。

下がる一方の出生数

河合　その一方、欲しい子ども数を産めるような社会を同時進行でつくっていかねばならない。国民の出産や子育てについての希望が叶う環境を整えないかぎり、出生数のほうはいつまで経っても上がってこない。

これはもう国家消滅に直結するわけで、少子化対策とは政府の最重要政策に他ならない。

増田　東京一極集中の弊害で、高齢化と並んで深刻なのが少子化の問題だ。「日本創成会議」の提言でも指摘したように、東京ほど出産や子育てが困難な都市はない。住宅事情が悪く、通勤を含め勤務時間は長い。保育所不足など出産育児に対する環境がきわめて脆弱《ぜいじゃく》なのだ。地方から出てきた人には、家族の支援もあてにできず、産むことをためらう人が少なくない。

それは出生率の低さが物語る。二〇一三年の合計特殊出生率は全国では一・四三だが、東京は一・一三と際だって低い。東京一極集中とは地方を「消滅」させるだけでなく、集まった若者の出生率を下げ、日本全体の人口を減少させることでもある。

低出生率が続けば、河合さんが言うところの「若さ」どころか、東京もいずれは人口規

東京圏の生産年齢人口（15~64歳）

(1,000人)

都道府県	2000年	2001年	2002年	2003年	2004年	2005年	2006年
埼玉	5,011	5,015	4,991	4,977	4,954	4,892	4,863
千葉	4,236	4,244	4,229	4,221	4,202	4,155	4,136
東京	8,686	8,694	8,675	8,673	8,661	8,696	8,777
神奈川	6,121	6,139	6,125	6,124	6,110	6,088	6,075
東京圏合計	24,054	24,092	24,020	23,995	23,927	23,831	23,851

都道府県	2007年	2008年	2009年	2010年	2011年	2012年	2013年
埼玉	4,818	4,777	4,734	4,749	4752	4687	4627
千葉	4,103	4,069	4,030	4,009	4043	3966	3903
東京	8,756	8,723	8,658	8,850	8992	8924	8883
神奈川	6,040	6,000	5,953	5,989	6009	5942	5876
東京圏合計	23,717	23,569	23,375	23,597	23,796	23,519	23,289

出所：総務省統計局「国勢調査報告」から

模を維持できなくなる。すでに首都圏の勤労世代は減り始めている。総務省統計局によれば、一都三県の生産年齢人口（一五〜六四歳）は、二〇〇〇年からデータが取得できる直近の二〇一三年までの一三年間で七七万人近くのマイナスになっている。

河合　先にも触れたが年間出生数一〇〇万人割れが目前で、政府は「二〇六〇年に一億人程度」という数値を掲げ、大胆な少子化対策に乗り出す構えだ。こうした数値を出す手法に対しては当然ながら批判もあるのだが、官僚たちの意識を変える効果という点では期待できる。もちろん、政府は女性への「圧力」と受け止められないよう十分配慮する必要がある。

だが、一律の政策展開では効果は薄い。出

前年との出生数の増減比較

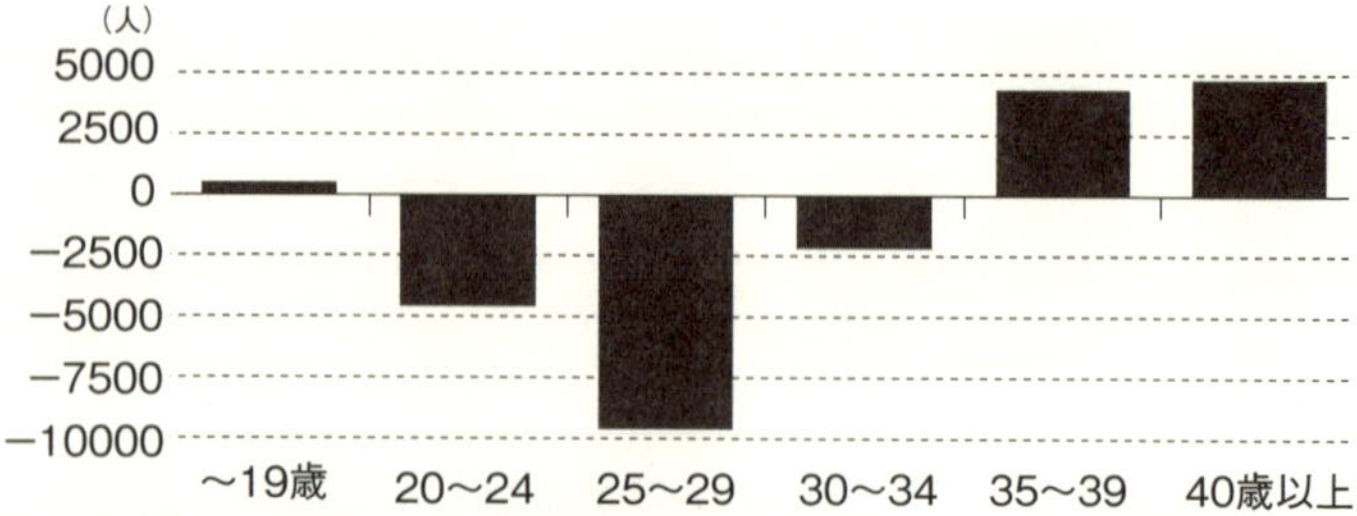

第1子を出産した母親の年齢別割合

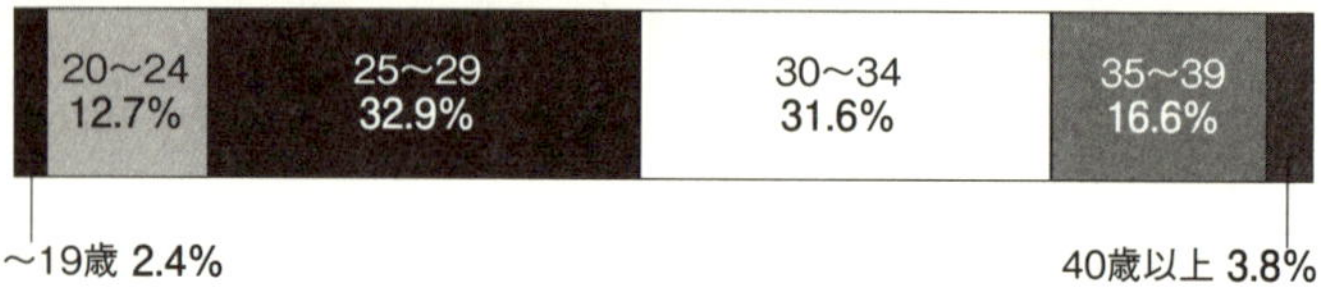

出所：厚生労働省の2013年人口動態統計から

産年齢は個々に異なり、何人目の子どもを産むかによっても必要となる支援内容は違ってくる。まずは、出産の現状を正確に把握しなければならない。

そこで、私は二〇一三年の出生を母親の年齢別に分析してみたのだが、二つの特徴が浮かび上がってきた。

一つは、前年に比べ三五歳以上の出産数が伸びる一方で、二〇代や三〇代前半は軒並み減っていたことだ。

晩産傾向はかねてより指摘されてきたが、三五〜三九歳の母親からの出生数は二二万九七三六人で全体の二割強を占めた。四〇歳以上の四万八〇〇〇人弱も含めれば、実に四人に一人が三〇代後半以降の母親から生まれた計算となる。これは正直、驚きだった。

団塊ジュニア世代を中心とした〝駆け込み出産〟が続いていたからで、もし、こうした三〇代後半以降による押し上げ効果がなかったら、二〇一三年の年間出生数はもっと下落していたことだろう。

しかし、団塊ジュニア世代はいずれ出産期を外れ、〝駆け込み出産〟がいつまでも続くわけではない。それは、子どもを産める年齢の女性数が急速に減ることを意味するのだから、「次なる世代」である現在の三〇代前半以下の出生数がこのまま下落傾向をたどれば、少子化は一挙に加速することになる。

さらに〝駆け込み出産〟についても詳しく見てみたのだが、ここで、第二の特徴が見えてきた。三五歳以上では、第二子以降を産んでいる人も多いが、初産も目立つのだ。三五～三九歳が出産した子どもの三五％が第一子だった。四〇歳以上の場合、第一子が出生順位別のトップで、この年代の出産の約四割を占めていたのである。

二〇一三年に、第一子として生まれた四八万一四〇九人の内訳を見ると、晩産化の実態がより明確になる。三五～三九歳が約八万人、四〇歳以上は約一万八〇〇〇人産んでおり、第一子の五人に一人が三五歳以上のお母さんから生まれたこととなる。

背景には近年の不妊治療技術の進歩があるのだろうが、三〇代後半以降の初産では、なかなか「二人目」とはならないのが現実だろう。厚生労働白書によれば、どの結婚年齢においても結婚後一～二年で第一子を産んでいるが、三五歳未満で結婚した妻が二～三年間隔で第二子、第三子を出産するのに対し、三五歳以上ではその間隔が狭くなる。

四〇代で第一子の場合、肉体的な問題もさることながら、子どもが成人するまでに親のほうが定年退職を迎えないか考慮しなくてはならないだろう。これでは二人目、三人目を諦めるケースが出てくるのものも当然であろう。

このまま晩産傾向が続けば一人っ子がさらに増え、出生数減に歯止めをかけられない。

地方消滅はもちろん、日本消滅を防ぐ最終的な方法は出生数を増やすことにつきるが、だからといって国家が妊娠・出産を強要するものではない。ただ、結婚や出産を希望しながら、何らかの理由でできないでいる若者たちもいるわけだから、政府は、結婚や出産の阻害しているそれぞれの要因を丁寧に調べ、取り除いていくしかないだろう。

二〇代、三〇代女性の声を徹底的に吸い上げた豊島区

増田　従来どおりの男社会で、「家は女が守れ」では駄目で、夫も育児に協力するという社会に切り換えていかねばならない。

高齢化問題も相俟《あいま》って、女性が自分の親の、あるいは配偶者の親の介護に縛り付けられ

ないようにするための解決策は、一応曲がりなりにも出てきている。子どもを産むことと女性も働くということのせめぎ合いにどう折り合いをつけていくかだ。

周知のとおり、いまちょうど安倍政権が「女性の活躍推進」を提唱している。女性が輝く日本をつくるための政策づくりもいいと思うが、地方も含めて女性の働き方とか社会への参画の仕方などを裾野《すその》まで変えないと絶対に出生数は上がらないと思う。

われわれが大いに反省すべきは、これまでの政策では、あまりに女性たちの声が反映されてこなかったことだ。女性の活躍推進についても、子育て支援についても、まず二〇代、三〇代の若い女性の声を徹底的に聴くことだろう。

日本の場合、結婚が出産の大前提になっている。だから、この地域で結婚、出産、子育てをするという覚悟を女性が持つためには、女性が働くその地域の職場になにが備わっていればいいのか、あるいは女性がその地域で生活していくためになにが欠けているのか。そこを徹底的に探って埋めていくことが肝要なのだ。

その点、前にも述べたように二〇四〇年までの若年女性人口減少率が東京二三区でもっとも大きいマイナス五〇・八％と指摘された豊島区の事例が参考となる。

豊島区はダイレクトで「としまF1会議」を運営、二〇代、三〇代の女性委員を招集している。現在では十数件にのぼる事業を予算化しており、なかなかたいしたものだ。HP

などではこう紹介されている。

「としまF1会議は、委員三二人で構成されています。委員は、学識経験者、キックオフイベント参加者、区主催のワーク・ライフ・バランスフォーラム交流会参加者、豊島区ワーク・ライフ・バランス推進認定企業の勤務者、区職員からなり、二〇歳から三九歳までの女性が中心となります。

委員の役割は①若年世代女性の仕事、出産、育児等に関する意識の把握・分析。②ワーク・ライフ・バランス実現のために必要な制度や方策等の検討」

豊島区にはワンルームマンションが多く、女性がなかなか定着しない傾向が強い。埼玉側から女性が転入してくるけれど、住宅事情が原因となって、将来的に若い女性が激減する予測がなされていた。結婚を契機に豊島区外へどんどん出ていく反面、流入のほうは期待できない。

そこで豊島区としては、「子育て相談」の拠点を増やした。加えて、住宅についても、「ニコイチ」と称して、ワンルームマンションを改造。二戸を一戸にしてゆったりした世帯向けマンションにつくり替える助成金を出すことにし、大好評を博している。

結婚してからも豊島区に住み続ける動機付けになった。このように同会議から出てきたアイデアを予算化しているわけである。

河合　確認しておきたいのだが、少子化対策とは政策で何とかするものではなくて、男と女の心の持ちようで、子どもが生まれたり生まれなかったりするところがいちばん大きい。今日理屈を言ったら明日からこうなるという話ではないのだ。

したがって、人口が増加に転じるまでには相当に長いスパンを想定しなければならず、どうしてもつなぎの政策が必要となる。人口が向こう何十年間は必ず減ってゆくという現実を踏まえて、対応していかねばならないということだ。

外国人を大量に受け入れるのはなかなか文化的にも政治的にも難しい以上、いま日本列島に住んでいる人々でどうやって社会をつくり、維持して行くのかであろう。

あとは発想の転換に尽きる。小さくなりながらも日本らしく煌《きら》めいて、世界から尊敬される国であり続けるにはどうしたらいいのか？

そのために、いま日本人はなにをすればいいのか？　その「解」を求めるのが当面この何十年間、われわれがしなければならないことなのだ。

第二部

問題対策篇

地方と東京を元気にする八つの提言

河合　第一部の問題提起篇においては、地方消滅が真に意味するところを確認してきた。だが、問題を分析し評論していれば済む段階はすでに終わった。いま求められているのは、問題解決に向けた具体的な方策を示し、行動に移すことである。

改めて申し上げるが、少子化、高齢化、人口減少への対策の難解さは、さまざまな深刻な課題を一つずつではなく、一度にまとめて解決しなければならないところにある。

地方から東京への人口流入も止めなければならないし、東京において起こる問題も解決していかなければならない。少子化にも歯止めを掛けなければならない。対象になる年齢層によっても政策提言は当然異なる。

増田　少子化、人口減少という問題は、あまりにも幅が広く奥の深いテーマであり、どこから手を付けていいのかがわからないというのが多くの国民の実感だろう。「消滅可能性都市」の自治体には、首長や職員ばかりが焦って空回りし、住民は問題の深刻さはわかっていても自分になにができるかわからず戸惑っているといったところも散見される。

それぞれの地域は、置かれた地理的環境も自然環境も異なる。歴史や文化、産業の発達度合いも違う。すべての地域に共通する有効策を探すことはどだい無理な話であるが、各地の成功事例には学ぶべきヒントがいっぱい詰まっている。ここからは、人口減少に悩む多くの地域にとって参考となるような提言について考えていきたい。

提言1　東京との「距離」が武器

規制改革し、ＩＴを駆使してサービス産業の生産性を高めよ

河合　『地方消滅』のなかでいちばん大きな項目である、地方はどう生き残っていくのか、地方から東京への流出を止めていくのか、まずここから話を進めたいと思う。

ここでは東京に流出した人たちを地元に戻ってこさせる魅力づくりが大きなポイントになる。そのためには雇用創出、地域の産業振興が必須となる。政府は二〇二〇年までの五年間で、地方に三〇万人の若者を創出するとしているが、現状はどうなのか。

増田　たとえば私が知事をつとめた岩手県は、基本的には農業県だ。しかし、農業の担い手の平均年齢は約七〇歳。農業の一番の危機はこうした従事者の超高齢化にある。

高齢化は硬直化につながる。新しいことへの取り組みが遅れるし、家内工業的な農業に変革の風を吹き込むことを恐れる。したがって、若い人たちが入っていかない。親もこんなところには絶対来るなとストップをかける。このような悪循環が生まれている。

従来の農業では生産性が低くて稼げない。いまのような低収入では結婚もままならない。もっとも生産性の低さゆえに低収入に甘んじているのは農業以外の産業も似通っている。たとえば、大型トラックやバスのドライバーは人手が恐ろしく不足している分野なのだが、地方では拘束時間が長い割に稼ぎが伴わないことから、若者のベクトルは自然と東京へと向いてしまう。

働く段になって東京に出ていくというよりは、むしろその前の大学進学時に、地元の高校から東京の大学に行く人もかなり多い。これは大学進学率の差があるから全国がすべて同じではないものの、高校在学の段階から東京の大学に行かないと、いい企業、条件のよい就職チャンスがなかなかないのを意識しているからだ。結局、稼ぎの差がそうさせるのだと思う。

再生可能エネルギーをはじめとして、地方にもさまざまな資源があるので新たにその資源を活用して仕事の場をもっと開拓していくのも大事だが、それはこれまでさんざんやろうとして、なかなかうまく結びつかなかった。今後も続ける必要はあると思うが、それで多くをすぐに望めるわけではない。

だからこそ、すでにある地元の産業を思い切って変えるのがいちばんだと思う。たとえばＩＴを駆使して全世界に魅力を分かり易く発信し、海外からのお客さんを多く呼びこめるように観光地のサービス産業の生産性を飛躍的に高めることにもっと努力する必要がある。当然そのためには、地元にいる若い人たちが大胆に挑戦できるように、従来の規制を思い切って取り払うことや、改革のしがらみとなる旧来の地元組織との調整が不可欠だが、それをブレイクスルーしなければ、稼げる場は生まれてこない。

地方は「金太郎飴」状態になってないか

河合　江戸時代に各藩は自らの特徴、なにがいちばんの強みかを知悉《ちしつ》し殖産興業を展開していったのだが、現代の日本の地方都市のほとんどは金太郎飴的な姿になってしまっている。

東京や大阪の大資本の支店、営業所ばかりが目立ち、日本のどこの地方に行っても大差がない。それはそれでまたいいことでもあったのだが、これからはそれを変えていかなければならない。岩手は岩手らしさ、宮城は宮城らしさみたいなものを要求されるようになる。金太郎飴化からの脱却だ。

増田　次から次へと流入してくるコンビニがいい例だ。均質化して非常に効率的で、身の周りでほしいものがいつでも手に入るような便利さを地方にもたらした。岩手などもローソンとセブン-イレブンが激烈な競争を始めている。便利だが、均一化されて地域の特色が薄れてきたイメージは否めない。

またショッピングセンター（SC）では東北の地方都市の郊外に展開するイオンの独壇場となっている。懸念するのは、安いものばかり求めることの弊害だ。それで失われるものは少なくない。

ここは地元の人たちにとり考えどころであろう。全国チェーンの小売業ばかりになって、安さ、便利さのみに満足にしていると、足元をすくわれて、結局、地元の本当の良さを見失ってしまうことになりかねない。

経済が地元でうまく回っていくように、お金が外に出ないように、多少価格は高くても別の面での良さを見つけて地元の商店を支える気持ちを一方で持たないといけない。そういう全国展開する企業は撤退の足も速いものなのだ。

「ミニ東京」からの脱却

河合　以前、増田さんは、「大阪の企業でさえ東京に本社を移してくるのだが、その理由があまり明白ではない」と言われていた。これだけ高速鉄道網が発達しているし、情報にしても大阪でも四国の山の中でもとれる時代なのに、なんでもかんでも東京を特別視している。

私は逆だと思う。東京との違いを「遅れている」ととらえるのではなく、むしろ、東京との「距離の遠さ」、「違いの大きさ」こそ、メリット、チャンスと位置付けることだ。これからはそれが強みなのだと。東京と離れていて、東京には売っていないもの、その地でなければ体験できない楽しさを持つことが強みになるということだ。

よその土地に住む人々が、わざわざ買いに来るような商品やサービスの開発にこそ力を入れるべきだ。地方創生で重要なのは、なにをするのかを考えることではなく、伝統文化や自然環境も含めて、その地域が持っている強みをみつめ直し、それを活用してなにができるのかを考えることではないだろうか。

政府は「地域経済分析システム（RESAS）」を整備し、企業間取り引きや人の流れといった地域情報にかかわるビッグデータを分析できるようにした。各地域に提供することで、自治体が自分たちの課題を正確に把握し、政策立案につなげられるようにするためだ。こうしたデータをうまく使うことによって、地域が自らのセールスポイントを見つけ、脱東京を目指すことだ。

増田　これはある人が言っていたのだが、金沢が金沢たりえたのは東京から行くのにけっこう〝不便〟だったからだ、と。飛行機でも小松空港からだし、鉄道も金沢は一応は関西圏だから大阪から特急が出ていたけれど遠かった。それが今回、新幹線で完全に東京とつながった。いっときは東京方面から観光客が殺到して金沢に富をもたらすかもしれないものの、逆に東京に飲み込まれる危険性もある、と懸念していた。

つまり、東京との距離のあることが金沢の文化を守っていた一面もあり、案外これは中長期的に考えると金沢は危なくなるのではないかということだ。私も懸念を禁じえない。

東京から離れていること自体が、その地域の文化を守ることのみならず、地域の産業や伝統的なものづくりを守ってきたのではないか。そうした東京との距離が築いてきた〝防波堤〟が東京とダイレクトにつながったことで一気に崩されてしまう怖れがある。価値観を東京に合わせると「大が小に勝つ」にきまっているからだ。

河合　私は若い頃、山形支局に赴任したことがある。戦禍をまぬがれた山形には古い街並みが残っており、趣のある光景が広がっていた。当時の知事や市長には「この街並みを保存し、生かすことを考えるべきだ」と進言したが、県や市は道路を拡張し、高層ビルを建てる計画を進めた。再開発は地域経済を活性化し、近代的な街並みにすることが素晴らしいことという価値観であった。企業活動の発想も同じだ。地方企業などは東京モデルとは異なるビジネス成功モデル、憧れモデルを生み出したほうがチャンスが広がるのに、これまですべてがミニ東京化しようとしてきた。新庄市は県都の山形市に向き、山形市は東北一の仙台市を向き、仙台市は東京を向き、みたいな恰好で、すべてのベクトルはいつも東京を向いているというのが紛うことなき現実だ。

増田　私などは国交省、かつての建設省の都市局が長かったのだが、そこでは地方都市の街づくりについて担当者がシャカリキになって、駅前のデザインからなにからみんな東京を真似たようなつくりに当てはめて誘導していたのを思い出す。補助要綱からしてそうだった。駅前広場はこれだけとりなさいとか、ミニスポットをここにつくってこういう街にしなさい、という具合にだ。

その結果、大都市圏の郊外に行くと、電車が高架を走り、どの駅を降りても目の前に広がる景色がほとんど変わらなくなってしまった。街路を拡げ、商店と商店との距離を離すので、ますます寂しさが強調される。

むしろごちゃごちゃしていたほうが商売的にはいいと思うし、歩道ももっと狭くて、逆に肩がふれるぐらいのほうが活気があっていいのではないかという意見もあった。けれども、そうした意見をすべて封じ込めて、ミニ東京スタイルで効率性をあまりにも追求してきた。これからはそれぞれの個性をもっと生かす街づくりに戻すべきだし、実際にそういう街もいくつか出始めてきている。

提言2　世界的ローカル・ブランドの創出

鯖江と燕三条の技術力

増田　「東京との距離」を生かすのと同時に、地方対策の切り札の一つとなるのが、世界でナンバーワンのブランドをつくり、海外と直接つながることだ。いわゆる「イタリアモデル」だ。

たとえば、北部に位置するボローニャ市は人口三七万の工業都市。高級スポーツカー・メーカーとしておなじみのマセラティ、ランボルギーニ。高級バイクのドゥカティ、マラグーティ。紳士靴の最高峰として知られるア・テストーニなどの発祥地。ボローニャのような元気な地方都市の大半は、かつての都市国家の歴史を受け継いだ都市だ。

イタリアでは、どんな小さな村にも独自のデザイン力、技術力で世界の圧倒的シェアを占める商品や製品がある。世界中からバイヤーをはじめとする関係者が訪れるという光景も当たり前だ。イタリアはG7の一員ではあるものの、過剰債務に喘ぎ、二〇一二年からずっとマイナス成長に苦しんでいる。だが、そうした村では国の財政や経済がどうであれ、ビクともしない。

実は、日本にも世界から注目されているローカル・ブランドがすでにある。人口減少が加速する地方都市のなかでも人口がほぼ維持されている福井県鯖江《さばえ》市だ。ここは昔からメガネ産業で知れ渡っていたけれど、時代のニーズに巧みにアジャストすることで鯖江ブランドを維持してきた。それどころか、いまではデザインのイタリア、大量生産の中国と並び、世界三大フレーム地となっている。

惜しむらくは、オリジナルデザインよりもSPA（小売り製造業）向けの委託生産が主力であることか。仮に鯖江が自前ブランドのメガネフレーム生産の都市に変身できれば、理想的だ。

世界的に評価の高い刃物や金属洋食器を生産する新潟県の燕三条《つばめさんじょう》も、鯖江同様に素晴らしい。欧米市場に受け入れられるデザイン、カラー、材質に磨きをかけることで、独特の地位を獲得した。東京を通さずに世界で羽ばたいているブランドを確立した好例の一つと言えよう。毎年行われているノーベル賞授賞式晩餐会《ばんさんかい》にも、一九九一年から燕三条のオリジナルカラトリー（ナイフ・フォーク・スプーン類）が納められているとのことだ。

ここでもキーワードとなるのは、東京との距離とか違いをいかに発見し、いかに生かしていくのか、ということになる。

それを伝統的な地場産業にうまく生かす方向に切り替える。東京からワーッと入ってくるものがあるなかで、受け入れるものと受け入れられないものをきちんと選り分ける。その能力、審美眼が優れているから生き残れているのだと思う。

「匠の技」と最先端技術を融合せよ

河合　東京を通さずに海外と直接つながることは、インターネットの登場によって可能となった。ことほど左様に、いままでの東京一辺倒で、東京になにかをしてもらい、東京に集まってという認識はかなり希薄になってきた。これはものすごく大事なことではないかという気がする。

世界でナンバーワンのブランドづくりといえば、増田さんがおっしゃった鯖江市や燕三条のほかにも、日本には世界に通用する「匠《たくみ》の技」がいくらでもある。独自の技術力でほかではつくれないような製品を生み出す地方企業や、伝統工芸品として受け継がれている。手先が器用な日本人ならではの技術だ。もちろん、「匠の技」だけでは世界に必要とされる商品開発にならないかもしれないが、これが最先端の工業技術と組み合わせることによって、他国の追随を許さない高付加価値の「ジャパン・オリジナル」ブランド品として製造することは十分可能なはずだ。

それを知的財産として保護し、新興国による安易なモノマネ品を許さないようにする。つくり手側が価格交渉権を握れるところまで価値を高めればいい。

一昨年（二〇一三）、私は、世界に貢献する日本の医療従事者たちを連載記事として産経新聞で取り上げたのだが、その一つに島根県大田市の「中村ブレイス」という義肢・医療器具メーカーがあった。世界最高水準の技術を使い、世界に二つとない人工乳房や義手などをつくり上げる会社だ。シリコーン製の義指ではマニキュアがはげるため、爪だけを別素材でつくり、おしゃれを楽しめるようにし、義足カバーは、本人のすね毛を使って加工する徹底ぶりで、ここで作られるものは医療機器というよりアート作品と言ったほうが的確だ。その使い心地と見た目の自然さは世界中の患者にファンを広げ、日本中から入社希望者が集まっているという。

これは、ものづくりの技術を医療ニーズに生かした成功例だが、医療分野に限らず、困っている人に寄り添い、使う人の立場になって商品開発やサービス提供を考えるのは日本人が得意とするところだ。こうした成功例はいくらでもできると思う。

これまで日本が得意としてきた「大量生産、大量販売」の製品ではなく、機械だけでは

つくり出せない確かな技術に裏打ちされた高級な製品をつくる。製造規模を大きくしなくとも採算が取れるというビジネスモデルへといまこそ転換すべきだ。逆にいえばこぢんまりとやってきた地方企業のほうが適した環境にあるともいえるだろう。

大量に作らない代わりに、商品開発の段階から買い手側である外国人の意見をリサーチし、デザインや色など諸外国のニーズや用途をしっかり把握する必要がある。

各人に語学力もついてきて、もはやいつまでも東京の商社に売ってもらう時代ではない。それこそ、東京に流出していたような地元出身のスキルの高い人材が活躍できる場所をつくることもできるだろう。相手国からデザイナーなどの専門家や、海外企業そのものを誘致してもよい。つまり、これからは地方も自前で国際化することを迫られるということだ。

ここで重要となるのが、一つの企業の利益に終わらせることなく、「地域の特色」として売り出すことだ。そうすることで、関連産業も誕生するだろうし、職人を育成する学校が建つかもしれない。やがてスキルの高い人たちが働きたくなる新たな雇用が次々と生まれるだろう。これこそ、地方創生の好循環をつくる切り札の一つになると考える。

増田　東日本大震災で九五％のイチゴ畑が壊滅した宮城県山元町では、地元出身の若者が東京からUターンし、特産のイチゴ栽培で農業の新しいモデルを構築している。

もともと東京でITベンチャー企業を経営していたスキルを活かし、従来の経験と勘に頼る農業ではなく、水耕栽培とITを駆使した最先端の生産体制を築いている。津波でイチゴ畑を失った地元のイチゴ農家とともに品質向上に取り組み、イチゴ栽培に理想的な気象条件となるよう、ハウス内の温度、湿度はもちろん、日照、水、風、二酸化炭素、養分まで全自動で制御し、高品質のイチゴ生産に成功した。東京の百貨店では「ミガキイチゴ」というブランドで、一粒一〇〇〇円の値段で売れた。しかも、その先端園芸施設を利用して、現在はインドでのイチゴ生産に取り組んでいるという。

国内向けでも成功できる

増田　海外へのビジネスとまでいかなくとも、高齢者がITを駆使した葉っぱビジネスで有名な徳島県上勝《かみかつ》町のように国内向けで成功しているところもある。

島根県の離島である隠岐《おき》諸島の海士《あま》町の例も参考となるだろう。平成の大合併に動かなかった海士町は、二〇〇八年には財政再建団体となると陰口を叩かれるほど追い込まれていた。山内道雄町長が大幅な行財政改革を断行したのは二〇〇五年で、これにより人口二四〇〇人余りの海士町は「日本一給料の安い自治体」となった。

ところがここからの海士町の自助努力には目を見張らされる。必死で議会を説得して、細胞組織を壊さず冷凍、鮮度を保ったまま魚介を出荷できる最新技術「CASシステム」の導入にこぎつける。これが奏功し、産地直送で競争力の高い「いわがき・春香」や「しろイカ」などを直接、都市の流通に乗せるのに成功した。

現在、尽力しているのが島で育てた隠岐牛のブランド化だという。

一方、海士町にはこの一〇年間で四〇〇人がIターンで移住している。移住者は二〇～四〇代の働き盛りで、有名企業からスピンアウトしてきた優秀な人たちがけっこう多い。

彼らの目的は「起業である」。山内町長が「海士町で起業しませんか？　頑張る人を応援します！」と全国に発信したメッセージに応える形で、続々と移住してきた。

成果は現われている。最大の成功例は、地元で採れる中華の高級食材「干しナマコ」事業で、すでに中国への輸出を果たしている。「島留学」で有名な隠岐島前高校にも島外からの進学者が増えて一クラス増設したという。

首長が危機感とやる気を備え、構想がしっかりしていれば自らの力で生き残れる。それを離島の海士町は見事に証明しているのだと思う。

日本最速の人口減少地域・高知県が取り組む「地産外商」

増田　高知県は一九八六年に全国でもっとも早く人口減少状態を経験し、一九九〇年からは人口の自然減状態に陥っている。そうするとなにが起こるのか。人口減少が経済の〝縮み〟をもたらすのだ。急激に進行した人口減が生産、消費を縮ませて、負のスパイラルを引き起こす。

昨年（二〇一四）末に会った尾﨑正直高知県知事は、「全国でそれを真っ先に体験した。しかも高知の場合が難儀なのは、六五歳以上の人口が、一五歳未満の二・三倍で、人口減そのものの構造を変えるのは並大抵ではないと認識した」と言っていた。

尾﨑知事が「高知再生」のために示したのが、足許が縮んでいるなかですべきは、外に打って出て、外から稼いでくる「地産外商」の方針。地産地消では県内の市場が縮んでいる以上、ジリ貧となるからだ。

まず「地産」の農産物や製品を都会に売り込みができるようにするための一連の仕組みづくりに動いた。二〇〇九年、東京に高知県地産外商公社という一般社団法人を設立した。そこが展示・商談会でブースを設営したり、スーパーと提携してテストマーケティングのためのスペースを確保するなどして、販促とともに商品の品質向上のためのサポートを行った。公社設立初年度に、そこを通じた契約が一七八件だったのが、昨年は三三三三件まで増加している。

商材づくりについては、比較優位にある一次産業由来の加工、自然観光関連を中心に、県内に約二四〇の地域アクションプランを立ち上げ、地域の特産品を県外に売り込んでいくプロジェクトを推進している。県が、プランづくりから販路開拓まで一貫して支援するわけだ。

都会で売れるような高付加価値製品を生み出すのは容易ではないことから、サポート人材を県外からも招聘《しょうへい》した。その一例が製造業系の後押しを目的に設立した「ものづくり地産地消・外商センター」。企業ごとに専任の担当者を置き、ビジネスプラン作成から、付加価値のつけかた、販路拡大、設備投資までを一貫して支援しており、ここに尾崎知事の手腕と本気度がうかがえる。

人口減対策、仕事を引き継いでくれる担い手対策に関しては、移住者を増やすしかない、と知事は言う。高知県が素晴らしいのは、単に「当県は住みやすい。優遇しますから、どうぞ来てください」というレベルにとどまっていないことだろう。

「うちはこういう『街づくり』をしたい。そのために、こんな人材に来てほしい」と高知県の側から具体的にリクエストし、人材派遣会社にニーズに合った人材を探してもらうシステムを採っている。移住促進は二〇一二年からスタートしていて、初年度は一二五人、翌年は四六八人来たという。

この、地方から人材をリクエストする、というのは非常に重要なことだと思う。NPOが中心となった取り組みだが、四国の徳島県神山《かみやま》町のように「アートによる街づくり」を掲げて地域が活性化し、いまでは来てほしい人や業種を「逆指名」して移住を受け入れているところもある。

提言3　世界オンリーワンの街づくり

街そのものをブランド化する

河合　工業製品や名産品、特産品で世界ナンバーワンになるのもよいが、街そのものをブランド化するのも有効ではないかと考える。米国のハリウッドのような、誰もがイメージできる街だ。都市の数だけ違う色があっていい。いろいろな特色のある街づくりだ。

高齢者が増えるということは、自由に時間を使える人が増えるということでもある。たとえば、映画のロケ村の近隣に映画好きの人が集まる街があってもいいのではないか。その住民には、映画会社と提携して優先的にエキストラ出演できるようにする。ボランティアでエキストラ出演する契約を募って、年に何回か出演した人はどんなに小さな文字でもいいからエンドロールの出演者一覧として、スクリーン上に載せてあげる特権を与えるようにするのもよい。

そうすれば「俺の出演作品だ」と友人たちに自慢ができ、ますます移り住みたいという人が増えるだろう。映画好きの人がたくさん集まってきたら、海外から映画関係者を呼んで映画祭やイベントなどを開催する。映画制作会社にしても効率的にエキストラを確保できることはメリットだろう。

小さくとも世界に知られた有名地になれば、小さな工房やシネマグッズを扱う会社など映像産業や関係者も続々と集まってくるだろうし、多くの観光客が訪れるようになる。自主映画サークルができて移住者同志の交流が広がるかもしれない。実際、アニメの舞台となったところにファンが押し寄せ、観光地のようになっているところもある。

増田　関東近辺だと千葉の佐原《さはら》とか、関西ならば滋賀の近江八幡《おうみはちまん》などは、よくテレビドラマや映画のロケ地として使われている。ああいうところに住んで、いざとなったら自分が通行人の役で出演したりする。

豊後高田《ぶんごたかだ》市が、昭和の大分の街づくりを行っている。あれも一つだが、豊後高田クラスがいっぱい出てくるといい。地元の人はあまり意識してないけれど、よその人から見ると十分面白いではないか、というような街はけっこうあると思う。

あるいは大学中心の街があってもいいし、移住者がどこにしようかと迷うぐらいの選択肢を地方がつくっていくべきではないか。その切り札の一つが、あとで議論の組上になる河合さん提唱の日本版ＣＣＲＣ（154ページ参照）だろう。アメリカにベースボールやアメリカン・フットボールのスタジアム中心の街があるように、自分たちの感性によって豊かな街づくりを目指すのだ。

非日常を味わえるような雰囲気で、それが本当の街そのものになっている。そういう街をつくってほしい。

地方自治体には智恵を競い合ってもらいたい。自助努力により、東京とは違う、東京と離れていることがメリットだというふうにしていかないと、おそらく東京問題は解決できない。

エネルギー自給率一〇〇％を目指す山間部の町

増田　政府が進める「環境モデル都市」に認定されている高知県の梼原町《ゆすはら》を紹介したい。再生可能エネルギーの利用により、人口三八〇〇人のこの町のエネルギー自給率は二八・五％と全国一を誇っている。
梼原町が最初に小水力発電で再生可能エネルギーに取り組んだのは一九九九年であった。山間部で森林面積九〇％、四万十《しまんと》川源流の水、高原の光と風など自然エネルギーの活用にはもってこいの立地であるのと、もともと進取の気性に富む土地柄が相俟《あいま》って、見事な成果を得ている。

また、同年に標高一三〇〇メートルの場所に町営の風力発電所を建設したのが端緒となった。以来、最大六〇〇キロワットの風車二基で、毎年約三五〇〇万円の財源を稼いでいる。

それを「環境基金」にして、町民が太陽光発電パネルを設置する際の助成金に充てており、太陽光の普及率は六・四％と全国でもトップクラスを誇る。また、森づくりの間伐交付金、切れ目のない間伐を進め保水力に優れた山づくりにも、環境基金は役立っている。

それだけではない。小水力発電で起こす電力を学校や街路灯に、地熱発電は町内の温水プールに利用されているように、梼原町はまさしく「環境先進」の町なのだ。

「大型風車の増設により、二〇五〇年までにエネルギー自給率一〇〇％にする」と掲げる目標は高い。実現すれば、文字どおり自然エネルギーのシンボル的存在となるだろう。

福島第一原発事故以降、にわかに注目を浴びた梼原町にはいまもひっきりなしに視察団が訪れている。ここには坂本龍馬や吉村寅太郎たちが使った脱藩の道が通っており、観光という別の売り物も併せ持っている。

持てるものを最大限に使って、自力で将来を見据えた展開を行っているのが梼原町なのだ。

病院中心という街づくり

増田　ところで、問題提起編において、今後は大都市圏で高齢者数が増え、入院病床の整備が追いつかないことが日本の大きな課題となるということが話題となった。ならば、それを逆手にとって地方に医療を中心とした街づくりをしてはどうだろうか。いままで地方の駅前が商業施設中心に展開されているが、これからは病院中心の街づくりが一つのモデルとなるだろう。駅前のいちばん立地の良いところに病院があって、高齢者が、移住者が、あるいは故郷にある程度の年代になって戻ってきた人たちがなにかあったときに真っ先に行ける安心感を醸成すべきなのだ。

現在、岡山大学では「岡山大学メディカルセンター構想」といい、大学病院や市民病院、日赤など市内の有力病院が連携して、診療項目、診察日、医療機械等を分担し合う非営利ホールディングカンパニー型（地域医療連携推進型）の病院運営を目指している。このように病院機能を強化して、地方の医療水準を高めるとともに、国際レベルのメガホスピタルを創出し、県外や海外からの患者を受け入れ、また、日本の医療サービスを海外へ輸出する拠点にもするというのだ。

岡山大学メディカルセンター構想の概要

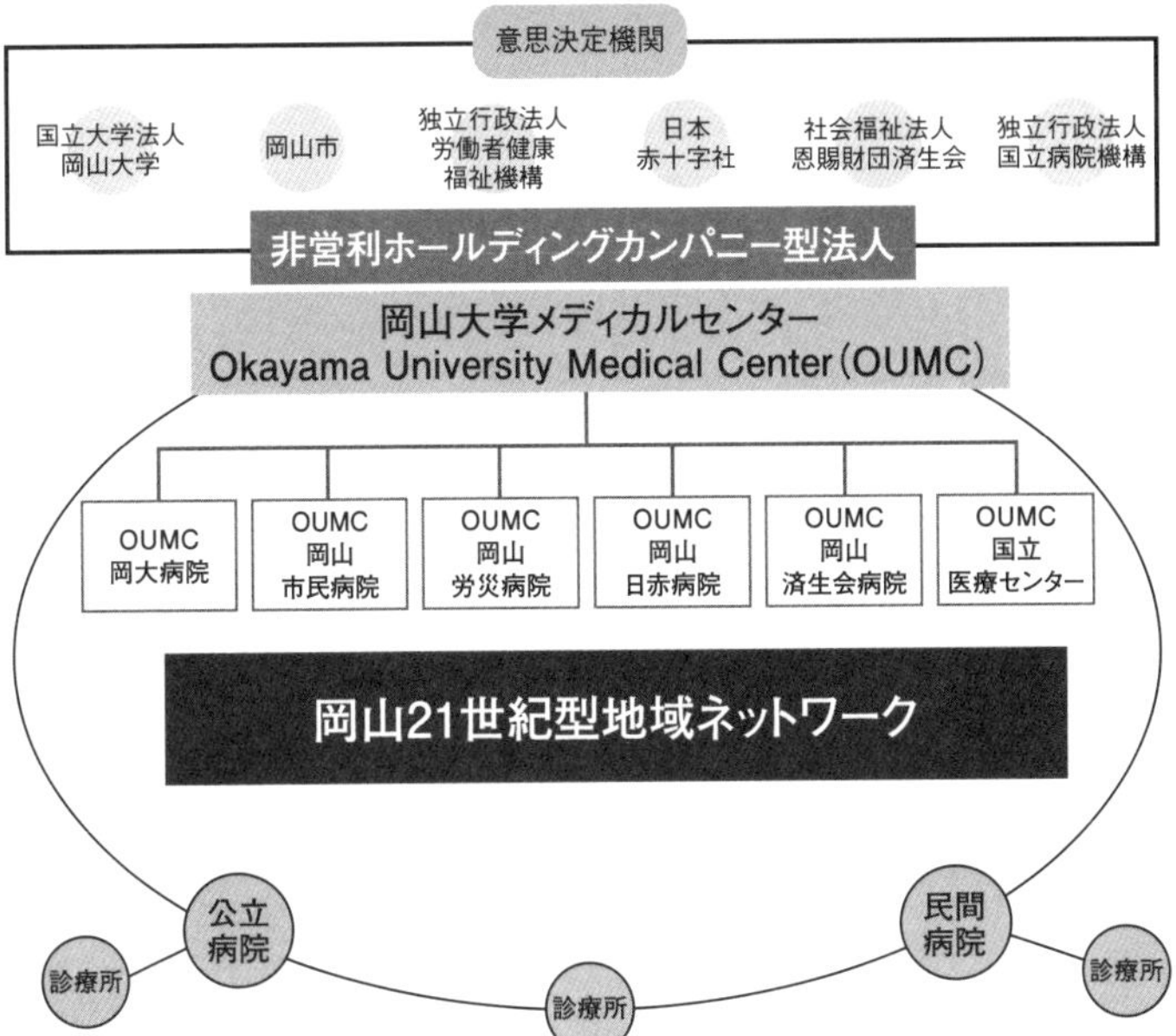

出所：岡山大学　森田潔氏作成資料から

河合　私も機会があるごとに石破茂地方創生担当大臣や内閣官房の「まち・ひと・しごと創生本部」の幹部たちに申し上げてきたのが、「地方や地域の拠点として役場や郵便局も大事だけれど、住民が本当に困るのは医療機関の撤退である」ということだ。地方、地域に医療機関がなくなると、そこはもう街や集落として続かなくなる。少子化の時代で医師も漸減していくわけだが、医療機関と小さな拠点はワンセットで考えていかねばならない。

ある程度の規模の都市は、医

療機関や福祉施設を駅前とか一等地の中心部に置いて、アクセスをよくすべきだ。東京から年配の人たちを呼び戻すにも、医療に対するアクセスはセールスポイントとなる。

増田　日本の場合にはこれまではほとんどが商業施設中心の街づくりだった。そこに新しいタイプの街づくりを行って、ほかのところの出身だけれど、老後は新しいタイプの街づくりを行った場所で過ごそうという人をどんどん集めたらいい。

岡山大学などはいま、イオンモールと連携して、駅前の一等地で高齢者にアクセスしやすい立地での展開を進めているところだ。

東京のように、いくつか電車を乗り継ぎ、階段の上り下りを繰り返してでは、高齢者にはしんどい。高齢者ができるだけアクセスしやすいところに医療機関を置く。これが老後を暮らす場所のプライオリティとなるはずだ。

高齢者を主役にしたコンセプトの街づくりを実現するには、足枷《あしかせ》となっている規制をもっと緩和する必要がある。

コンビニでも自己採血ができて、健康診断ができる。薬局でも薬剤師が踏み込んでいろいろな医療的アドバイスができる。体調が悪くなれば、備え付けのモニター画面で病院のドクターを呼び出し、その場でアドバイスをもらえる。このような高齢者自らが健康に気遣う街づくりを、これからの地方都市であれば実現できるのではないか。

高齢者用マンションへのリフォームという「新しい公共事業」

河合　高齢者住宅の自宅ベッドを病室と見立てて、テレビカメラやナースコールと直結させた近未来の医療提供システムができないか、大学などで研究がすでに始まっている。在宅医療の在り方は、ＩＴの進化によってどんどん変わるだろう。たまにドクターが往診してくるのではなく、広い意味で病院に住んでいるような街づくり構想だ。東京大学が千葉県柏《かしわ》市などと組んで実証的な研究を進めている。

増田　柏市などの実証的な実験を見ると、医師側の制度的な壁とＩＴ化するコストがかなり高くなるようだ。あちこちで高齢者住宅をメインにする街づくりを行うようになると、コストダウンができる。

また、医師も生身の人間だから、こうしたシステムが回り出しても、実際の診療数は本当に限られている。したがって、その前段階の看護師による事前チェックの質・量の充実が求められることになろう。これなしには今後いくら医療のＩＴ化が進もうが、急増する高齢者に対するケアは追いつかないような気がする。

河合　公的な集合住宅や民間マンションの空き部屋が急速に増えてきている。それらの多くは一〇〇平米程度で3LDKのファミリー型の間取りで、少子化時代にはそぐわない。であれば、これらを国が買い取り、公共事業として低家賃マンションにリフォームするのはどうだろうか。

買い取り費用やリフォーム費用は税財源で賄うが、家賃収入でかなりの部分は回収できる。回収期間を長期にすることで低家賃を実現するという考え方だ。

現在の3LDKマンションの間仕切りを改築し、玄関は共用で一つとするが室内に入ると入口が分かれそれぞれ鍵《かぎ》をかけられるドアがあり、ワンルームマンションのようになっているといったイメージだ。一〇〇平米の部屋をそれぞれ三〇平米・三人が住める家にリフォームするのだ。そうすると、それまで一〇〇戸のマンションが三〇〇人の住民が入居する高齢者用マンションに様変わりするわけだ。これを医療や介護サービス付きとする。一棟丸ごとだから、医師の往診もしやすくなるのではないか。これを新しい公共事業として、どんどん進めていく。

このアイデアを日本医師会の幹部に示してみた。「一軒一軒を往診するのは大変だけれど、高齢者が一緒に住んでいてくれれば、たとえば火曜日の午後に往診と決めたら、そこのマンションを右から左に移っていけば、一度に多くの人を診られる」と話していた。

新たな公共事業のあり方、人の住まい方の価値観も含めて、多くの高齢者が自分が購入した資産は一生かけて守り抜くのだという発想から、高齢社会に合った楽な住み方、暮らし方を優先するために資産活用するのだという発想に転換できれば、そうした公共事業も展開しやすくなるはずだ。

老後の生活コストのうち、居住費が大半を占めるため、老後の生活を維持するために年金支給額を引き上げろという意見が強いが、良質な低家賃の公共住宅を大量につくれば年金問題もずいぶん違った制度設計ができるようになると思われる。

増田　医師も経営的な感覚で考えて、短期間でかなり多くの患者を診られるならば、そうした高齢者治療に専念しようという人が増えてくるだろう。急性期ばかりでなく、安定した慢性期の人も含めてある程度集まってもらうと、各人のちょっとした健康の変化もとらえて対応できる。

公共事業としての高齢者用マンションへのリフォームは、地方都市をもう一度活性化させるための起爆剤になるかもしれない。

提言4　都会にはない暮らしやすさの発信

地方の暮らしやすさを積極的に発信

河合　産業振興から少し視点を変えて、地方に住む魅力をテーマとしたい。政府は「地方への新しい人の流れをつくる」として、現在、年間四七万人である地方から東京圏への転入者を六万人減らし、年間三七万人の東京圏から地方への転出者を年間四万人増加させるとの目標を立てたが、そんな簡単に行くとは思えない。若者の都会への流出を防ぎ、あるいは大都市圏からの移住者を受け入れようとするには、都会では味わうことのできないメリットを明確に打ち出すことだ。これまでは東京で一旗揚げることが唯一の成功モデルであるかのように語られ、地方に住み続けることは〝負け組〟といわんばかりの雰囲気があった。だが、人口減少社会において地方が生き残るには、住民自身が地域の良さに気付き、「東京との違い」としてどんどんアピールしていくことがきわめて重要となる。

その街に住むことは格好いいことであり、「あの街に住むことはお得」、「あの街に住ま

なければ人生で損をする」といったポジティブな選択をする人を増やすことにつなげたい。それは、新しい価値観を普及させることでもある。

増田　忘れてはならないのが、地元では東京ほど稼げなくても、ある程度の稼ぎさえあれば暮らしていけることだろう。結婚して子育てするのも、東京では非常に高くつくけれど、地元ならば多くの自治体で保育料無料、中学卒業まで医療費無料など数々の手厚い仕組みができあがっている。子育てのしやすさを「見える化」してその利点をもっとアピールしていいと思う。

本当の意味で、地方は暮らしやすい。その情報発信がまだまだ足りないのではないか。

地方での生活費を考えてみればいい。地元で就職して、その後、所帯を持ったとしても、東京よりはるかに広い家で職住近接の暮らしが実現できて、生活コストも低い。結婚して子育てできる素晴らしさが若者たちにきちんと伝われれば、方向性も変わっていくのではないか。

地方の生活がここまで暮らしやすくて、こういうメリットが盛りだくさんあるということがもっと発信されると、地元から出て行く人も少なくなるし、逆にいったん東京に出て行った人も地元に戻ることにつながると思う。鳥取県は、「地方暮らしの人生収支　とっとりの場合」と称して、フィナンシャルプランナーが東京と鳥取で生活した場合の個人の収支シミュレーションをまとめ、「鳥取に住めば、収入は減るが支出も減る。貯蓄はほとんど変わらない。絆《きずな》・自然・ゆとりをぜいたくに楽しむ暮らし」ができると、通勤時間や持ち家述べ面積、一人あたりの医師数や老人ホーム数などの具体的な数値も用いてアピールしている。こういう具体的な取り組みがもっと増えていい。

地方にいる若い人たちの東京行きを防ぐためには、第一には地元の産業の生産性の向上を実現すること。そして、地元でそのまま暮らした場合の暮らしやすさをきちんと分析して伝えることだ。

それがひいては東京にいったん出た人を戻すことにも有効となる。もちろんそこの地元の若い人たちが戻ってくることがいちばん望ましい。けれども若い人だけにターゲットを絞らず、これはあとの議論になると思うけれど、高齢者でもどんどん戻ってくることが望

鳥取県が発信する「データとランキングで見るとっとり暮らし」の一例

▶ 通勤時間が短く、広い家に住める

●心豊かに暮らせる

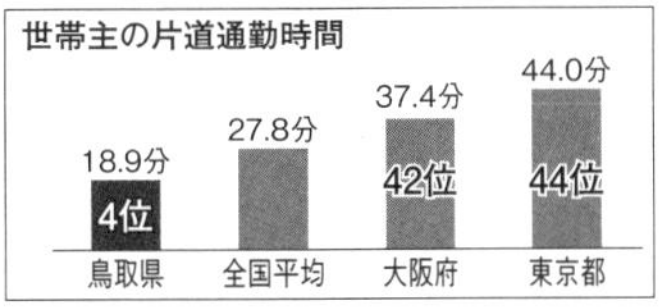

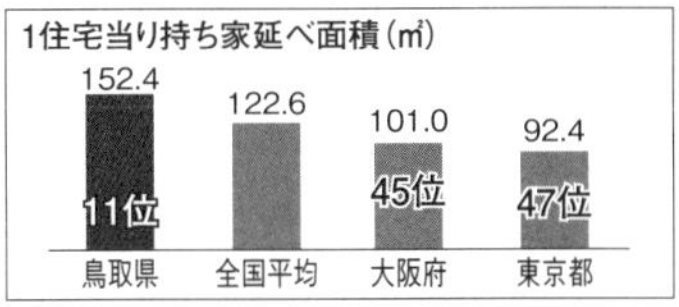

▶ 人口１人当りの医師数や老人ホームが多い

●老後も安心

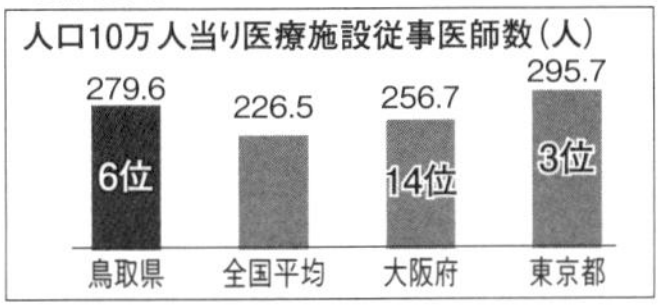

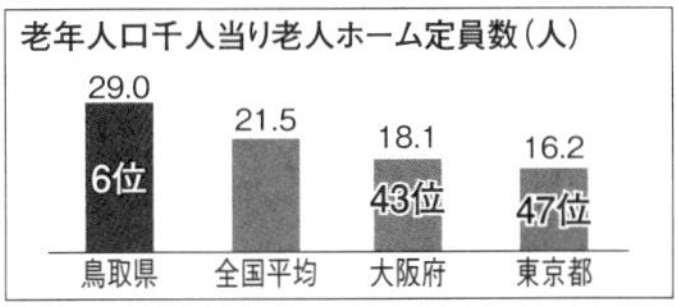

●育児に優しい

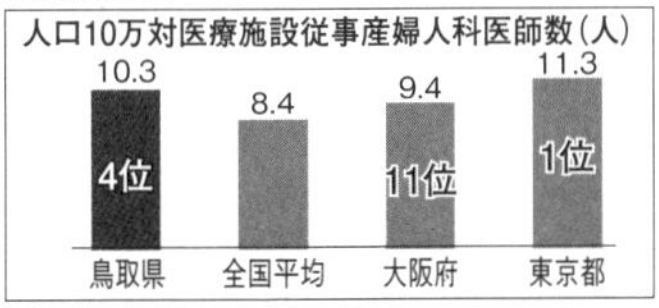

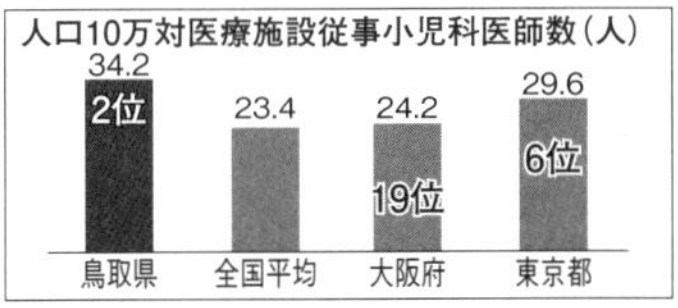

▶ 人口1人当たりの体育館や図書館が多い

●文化的に過ごせる

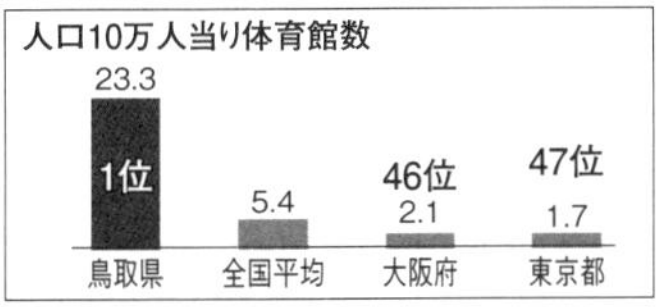

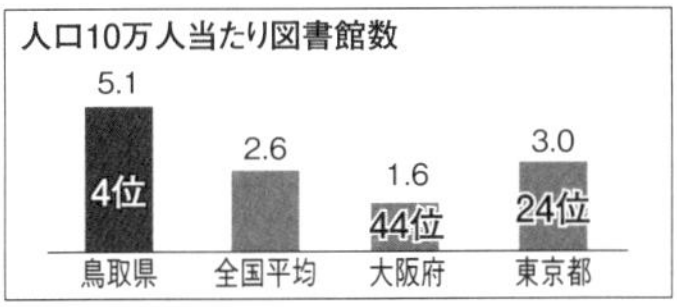

▶ 人口1人当たりの交通事故や犯罪件数が少ない

●安心して暮らせる

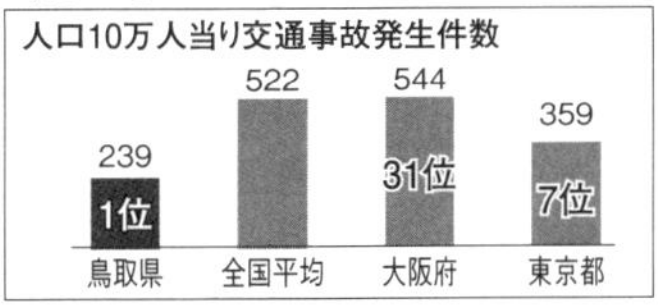

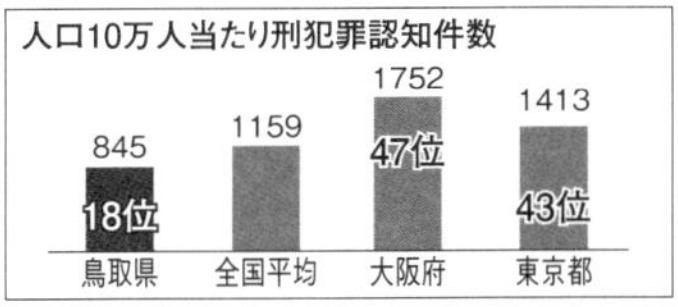

出所：鳥取県のホームページから

ましい。そのあたりをトータルでもっと取り組まないといけない。これまでは一部を除き、自治体はまだ本当に必死になって取り組んでいるとは言えない状況だと思う。

河合　大学を卒業しても非正規雇用という人が珍しくなくなり、夫も妻も非正規雇用という若い世帯も増えた。こうした夫婦が物価の高い東京で暮らしていくのは大変だ。年収が二百万円かつかつで、二人合わせてようやく四〇〇万円では妻が妊娠した途端に生活できなくなってしまう。子どもができて妻が仕事を休まざるをえなくなったら、それこそ死活問題になるわけで、こうした現状はなんとかしなければならない。

もちろん、正規雇用への道をもっと広げていくことが大事なのだが、すべての人というわけにもいかない現実もある。ならば生活費が安い地方で暮らすという選択肢があってもよい。

地方には東京のような給与の高い仕事はなくとも、生活費が少なくて済む分生活は楽になる。今後の社会背景を考えれば、高齢化で働き手が減っていくわけで、反対に地方でこそ就業や起業のチャンスは多くなるのかもしれない。

出生率を比べれば東京圏より地方のほうが断然、子どもを産み育てやすい環境にある。ただ、子育て支援策は、さらに整備していく必要がある。地方は若者を引き留めるだけでは不十分なわけで、仮に都会に働きに出た若者をUターンさせることに成功したとしても、次代を担う子どもが誕生しなければ、一時的な人の寄せ集めにすぎず、再び人口は減ることになる。

「見える化」で若手IT企業家を吸収

増田　先般たまたま所用で北海道の上士幌町《かみしほろちょう》を訪ねたのだが、ここも人口減少に悩んでいる。一九七〇年に九一三五人いたのが、二〇一〇年には五〇八〇人まで減っており、他所からの転入を図っているところだ。ここでは夫婦共稼ぎで三〇〇万円台ならばなんとか生活ができるので、それをいまどんどんPRしているという。

竹中貢《みつぎ》町長は非常に積極的で、結果として全国トップクラスのふるさと納税額を集めており、それを生活環境の向上に充てている。

子どもの医療費と保育料は無料。上士幌町には高給を稼げる企業は見当たらないけれど、東京よりははるかに暮らしやすそうではある。

「東京に比べれば家賃は格段に安いので、稼いだ分はそのまま生活費にまわせる町です」

これがどこの自治体も必須になってくるのではないか。

働く場でどれだけ稼げて、それと同時にどういうレベルの生活になるのか。勤め先まで何分で行けて、自分たちの自由になる時間がどれぐらいあるのか。日々の生活費はいかほどなのか。出産したらどの程度生活が変わっていくのか。このようなことをできるだけ「見える化」して伝えることが重要だ。

河合　積極的に地方暮らしを始める若者も出てきた。徳島県神山町には若手ＩＴ起業家の移住が相次いでいる。神山町は中山間地に立地する人口六〇〇〇人余り、過疎と高齢化に蝕《むしば》まれる典型的な田舎町。もともとスダチの生産量日本一を誇っていたが、ほかにはこれといった産業は育ってこなかった。このままでは消滅しかねない。潜在的な危機感が差し迫ったものになってきた。

ところが二〇一〇年を境に流れは一変する。東京、大阪のＩＴ企業を中心に、九社がサテライトオフィスを開設したのがきっかけとなった。オフィスは空き家となっていた古民家を活用したものだが、純和風の古民家とＩＴベンチャーという組み合わせから生じるギャップが全国の若者たちの心をくすぐった。

ただし、九社が神山町の誘致に乗ったのには、それなりの理由があった。第一に、光ファイバー網はじめ充実した通信環境を備えていることだ。町内全域に完備されたＷｉ－Ｆｉ環境はＩＴ企業にとり生命線といえる。

第二に、サテライトオフィスの運営主体で移住支援や空き家の再生を手掛けるＮＰＯ法人グリーンバレーの存在だ。前身の国際文化村委員会を含めて、グリーンバレーが調整役として通算二〇年間培ってきた経験は大きい。

第三には、都会の企業に勤める人たちの「働き方を変えたい」という抑えがたい欲求だろう。とりわけ自然に富むシリコンバレーを聖地とするＩＴ企業にはそれが強かったはずだ。

人口減少を不可避と認める神山町は、二〇年後の具体的な町の姿を想定し、可能なかぎり数値化した。これもある意味での「見える化」といえる。その実現に向け、必要な人材を〝逆指名〟するという非常にユニークな移住政策を採っている。

一人親家庭支援の試み

増田　島根県浜田《はまだ》市は、市民全体の社会保障費（年金・医療・介護）の「見える化」を行った。それにより浜田市民は初めて、子育てなどの家族関係費がいかに少ないかを理解することになった。高齢者からも、「我慢しなければ」という声が出始めた。

その浜田市の面白い取り組みを紹介したい。これまでの地方自治体の移住支援策は、定年後の故郷へのＵターンや若い世代のＩターンなどに照準を定めている印象が強かったが、二〇一五年四月から始まった浜田市の試みは違っている。

一人親家庭の移住を促すため、一年間限定で最大四〇〇万円の助成がつく支援をスタートした。対象は県外在住の高校生以下の子どもがいる母子・父子家庭であり、浜田市内の介護事業所で働くことが条件だ。

一年後、一人親家庭が定住してくれれば、市としては人口減対策に加えて介護人材の確保にもつながる。

これまで一人親家庭に対してこうした取り組みが乏しかったのは財源の問題があったからだが、今後、同市の試みが他の自治体にも広がりを見せるかどうか注目したい。

出でよ第二、第三のコマツ

増田　企業に協力を求めることも必要だ。一向に解消されない長時間労働や地域との関係を考慮しない転勤が、低出生率に拍車をかけているからだ。企業別に従業員の出生率を公表するなど各種指標の「見える化」を進める必要がある。

その「見える化」を行ったことで、ブルドーザーや油圧ショベルの世界的企業コマツは二〇〇一年、本社機能の一部を創業の地である石川県小松市に戻した。

コマツが北陸回帰を決めた最大の理由は、生活コストの安いところで、できるだけたくさんの社員が働いたほうが、いずれ競争力を維持できるという経営の〝合理性〟だった。だが、もう一つの理由があった。東京と北陸とであまりに女性社員の子どもの数が違う、それ以前に結婚している率が違うと気付いたからだと、当時社長をつとめていた坂根正弘コマツ相談役から聞かされた。

「三〇代の女性に限ると、東京本社は子どもの数が〇・九人、石川は一・九人でした。そのうえに結婚率も東京五〇％、石川九〇％と大きく違っていたのです。これを管理職の女性だけに限定すると、子どもの数は二・八人。女性が昇進しようと思ったら子どもをつくることができないというのは東京論理であって、石川ではむしろ偉くなる人のほうが子どもをつくっているわけです」

こうしたデータを社員に見せて、「見える化」をしたからこそ、本社機能の一部を移転して、地方で働く人を増やさなければいけないということを納得してもらえたのだ。だから、企業や地方自治体だけでなく、国も持っているデータをもっと出していかねばならない。

コマツが凄《すご》いなと思ったのは、東京本社で働いても、石川県で働いても、社員の賃金体系が同じであることだ。多くの企業は地方の会社を子会社化して賃金体系を変えている。

だから、学生たちは地方には就職しないで、東京の高い給料につられて出て行くことになった。

コマツは、それでは会社のなかで一体感が出ず、デメリットのほうが大きいと考え、地方という理由で子会社化、別会社化は絶対にしない方針だという。賃金体系が違えば、社内のステータスもなんとなく低いと感じ、地方の生産性の低さにもつながる懸念もある。

さらに大卒の地方採用枠をつくった。これは賃金体系が全国同じだからできることだ。地方採用枠をつくった理由の一つに、いままでは東京で一括採用した人を出身地がどこであろうと関係なく異動させてきて、結局、地縁のない社会をつくり上げてきたという反省がある。

坂根相談役は、「地方採用枠では、できるかぎり、地縁のある人を優先する。コマツでいちばん大きい工場は大阪にありますが、大阪で働く人は大阪で採用したほうがこの国の将来にとっていいはずですから」と語っていた。

コマツは雇用面のみならず、創業の地である小松市にも知恵を絞って貢献している。二〇一一年、小松市に「コマツウェイ総合研修センター」をつくり、グローバル役員会議をはじめ、以前は東京でやっていた大きな会議を同センターで行っている。

そこにコマツはあえて宿泊センターやレストランを併設しなかった。小松市には温泉宿がいっぱいあるので、宿屋の空き状況をもとに割り振ることにしたのだ。食事はすべて外注のケータリング。宿代と食事代で、累計一〇億円が地元に落ちたと聞く。これは小松市にとっては大変有り難いことだろう。当初、日本風の旅館など海外からの参加者に不便ではないかと心配していたとのことだが、日本風の旅館や温泉情緒、白山《はくさん》連峰の眺めなどがとても好評だったとのことだ。

坂根相談役は成長戦略について、こんな持論を述べていた。

「成長戦略というものは、なにかの岩盤規制を解除しさえすれば、みんなが一斉に動き出すというものではありません。企業もしかりです。たとえば、コマツがトップランナーとなって走り出すから、ほかも見習って走ってみようかと思う。成長戦略とは、そういったトップランナーをたくさんつくり出すということです」

第二、第三のコマツが出てきてほしいと願わずにはいられない。

提言5 県内二地域居住で「にぎわい」維持

Uターン組、Iターン組の間口をひろげるための街づくり

河合　話をさらに進めて、人口減少対策という、もう少し大きな視点で論じたい。産業振興や魅力ある街づくり、情報発信も地道に取り組んでいかなければならない大事なテーマだが、それだけでは人口激減には対応できない。

人口の大きな変化というのは、日本人の価値観に根源的な変化を求めることだろう。それは時には痛みを伴うし、これまでの常識を否定することにもなる。しかし、どうせ変わらざるをえないのならば、自ら積極的に挑戦し、変化を楽しむぐらいの気概を持ちたい。

その一つが人口の集約だ。

『地方消滅』では、「ダム機能」に言及されていた。地方からいきなり東京に流出を許すのではなく、県庁所在地など県内の都市部が「ダム」となって、なんとか若者雇用の受け皿にならないかということであった。

増田　そうだ。地方の中核都市が地方圏から東京への人口流出をせき止めるための役割を担うということだ。

たとえばこれからの仙台は、東京一極集中の歯止めとして、東北のダム機能を果たさなければならない。ダムとして機能するには、若者に魅力のある働く場や結婚、出産がしやすい環境整備に力を入れる必要があることは自明であろう。

さらに地方の中核都市は周辺自治体と連携して住民サービス機能を代替し、地域住民の生活を支える役割も求められている。

あとで議論になると思うが、地方中核都市より規模の小さい自治体において、人口減少が進むなかで不可避なのは「コンパクトシティ」の考え方だろう。ここで求められるのは、コンパクトな拠点間を交通・情報ネットワークで結ぶ地域構造を構築することで、行政や医療・福祉、商業などのサービス業の効率性や質を高めることだ。

ひとくちに地方といってもさまざまで、山間集落から県庁所在地まで、ずいぶんと置かれた状況が違う。若い人が地元に戻る場合のいちばんの対象となるのは、県庁所在地や県下第二都市のような集積がある都市部だろう。求人も多く、比較的高給も望めるからだ。若い人たちのアンケートをみると、いちばんの心配は意に沿った働き口があるかどうかで、病院や介護の心配は、ずっと高齢になってからなのだ。

若い人たち、あるいは中年の入口ぐらいまでの世代は、故郷に戻ってきても働き口はある。東京ほどは稼げなくても全体の生活費は安いし、可処分所得はかえって高くなる。乳幼児の医療費や保育料が無料だとか、自治体から助成を受けられる場合も多い。

ということを全部含めてUターン組、Iターン組に丁寧に伝えることが肝要であろう。

彼らが戻ってきて、県庁所在地、県下第二の都市で多く働けるようになり、当該都市が彼らの意見を取り入れて、魅力的な街づくりを考え直していけばいい。まず、そこからきちんと順番に立て直していくべきだろう。

「三〇万人都市圏」構想

河合　国交省は三〇万人都市圏構想を打ち出している。これもダム機能と通じるところがあると思うが、二〇六〇年に総人口が現在の三分の二に減ることを考えると、各県ごとに、県庁所在地や県内第二か第三の都市など、何カ所かの都市に人口集約を図っていく流れは避けられないだろう。

もちろん段階を踏む必要はあるだろうが、すべての地域に行政サービスを届け続けることはきわめて難しいと言わざるをえない。県内の人口を集めた都市は同時に、コンパクトな街づくり、都市計画に踏み切る必要がある。街の中心部に「にぎわい」を取り戻さないかぎり、人が寄せ集まっても地方都市としての魅力を発揮できない。

何度も繰り返すが、地方の存続には、若者をつなぎとめ、大都市に出た若者を呼び戻すことが必要となる。

美しい景観や伝統・文化の掘り起こしなど街の魅力を高めるのはもちろんだが、若者が働きたくなる職場の創出、安定した仕事がなければ若者は定着しない。「にぎわい」は若者の雇用確保とも密接に関係する。大型商業施設や病院などは、若者の雇用の場でもあるからだ。これらが撤退や倒産に追い込まれたのでは、そこで働く若者たちが職を失い、大都会流出に拍車がかかる。

国交省の「国土のグランドデザイン」によれば、三大都市圏を除く地域では、一〇万人以上の都市を核とする「三〇万人都市圏」に百貨店や映画館、大学、救命救急センターといったサービスが存在する。

見方を変えれば、この規模を割り込むとサービス内容によっては企業が撤退を検討し始めるということだ。いかに「三〇万人都市圏」をつくるかが、地方生き残りの〝目安〟の一つともなりそうだ。

ただ、三〇万人都市圏構想のキーワードは「拡大路線との決別」だ。拠点都市を「ミニ東京」のごとく膨張させようというのでは、人のつながりが希薄となる。子育てと仕事を両立させることもできない。

大都会では味わえない「ゆとりある暮らし」を選択できるようにすることが、新たな魅力となる。

増田　人は機能的な街に魅力を感じるとは限らない。機能的過ぎると人口は離れる。人間臭さ、生活臭などが満ち溢れていることが人を惹きつける。人口規模に応じて立地可能な都市施設が決まってくる。ある程度の人口を維持することとさらに周辺とのネットワーク化を図り、全体として街のにぎわいを創出することが必要だ。

周辺都市との連携が肝要

増田　日本経済の約七割は、サービス産業が占めているが、工場の規模を大きくしていけばどこに工場があるかは関係なく生産量を増していくことができる製造業とは異なり、店を大きくしたからといって立地が悪ければ生産量つまり販売額が増えないのが、サービス産業の特徴と言える。つまり、地域のサービス産業を活性化するためには、ある程度の人や企業の集約が必要になるということだ。

サービス施設が立地する自治体規模（3大都市圏を除く）

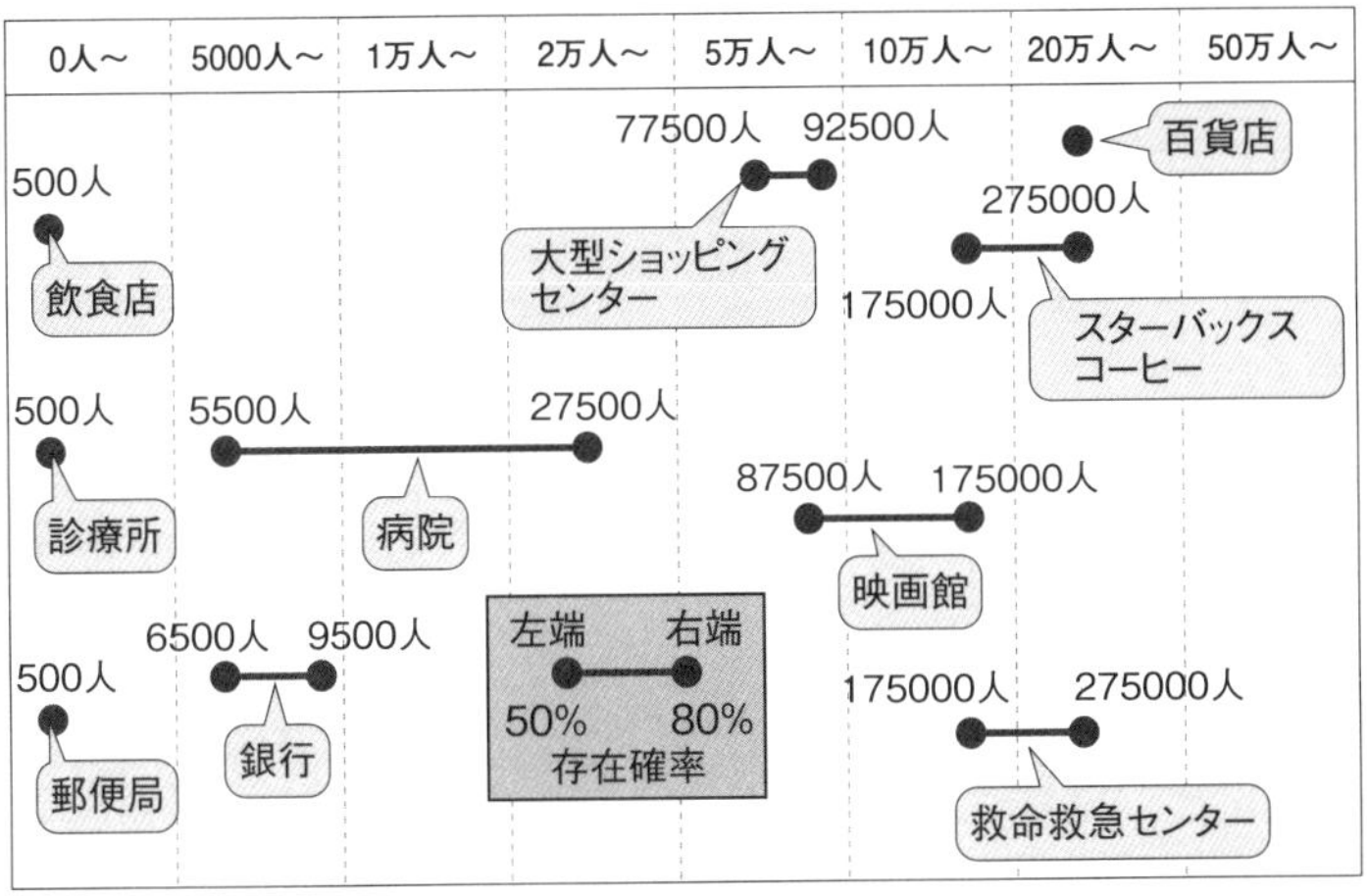

出所：国土交通省「国土のグランドデザイン」をもとに作成

これまで日本は、モータリゼーションのなかで、郊外に人を分散させてきたことが、結果として駅前のシャッター通りを生んだ。これを逆転させる必要がある。地域の人たちが地域の特色を生かした「街中再生」を実現することが、地方創生に求められている。

一方で総務省は二〇万人以上の「地方中枢拠点都市」を軸に周辺自治体が協約を結び連携する構想を描く。国交省は複数の都市を鉄道や高速道路で結ぶ「高次地方都市連合」構想だ。国交省は過疎集落にも目を向け、歩ける範囲に商店や診療所を集める「小さな拠点」も提唱している。すでにこの二つの構想は、まち・ひと・しごと創生の取り組みのもとで「連携中枢都市圏」として一本化されている。

これらに共通するのは、地方が生き延びる

には、ある程度の都市規模が必要との視点だ。

しかし、こうした一部の自治体に人口を集める構想には、人口を送り出す周辺自治体の抵抗が強いことを忘れてはならない。「切り捨て」にされるとの警戒だ。

都市圏形成は重要な必要条件ではあるが、人口減少・地方創生に歯止めをかける十分条件ではない。二〇万人都市圏にせよ三〇万人都市圏にせよ中核となる都市が主体となり、周辺都市とどのような連携を構想できるかが重要だ。さらに、企業間・産業間の連携が都市圏を越えている実態もあることを踏まえると、都市圏間の連携も進めていく必要がある。

代表的な成功例は富山市

増田　私はかねがね地方都市におけるコンパクトシティ形成の必要性を説いてきた。コンパクトな拠点間を交通・情報ネットワークで結ぶ地域構造をつくることで、行政、医療・福祉、商業などのサービス業の質の向上を図るわけだが、コンパクト圏内に入れなかった地域の不満がつきまとうという問題がある。

したがって、コンパクトシティは合意形成を重視して、長い時間をかけて取り組まなければならない。行政側の担当者については部署替えさせないで地元とのコンセンサスを図っていくといった覚悟も求められよう。

集積化もまた街づくりだ。長期の時間軸を意識しながら、目の前の合意形成のプロセスをしっかりと行っていく。それには最低でも二〇年はかかる。

青森市や秋田市では中核商業施設を軸にしたコンパクトシティ化に挑んだが、お世辞にもうまくいっているとは言えない。

コンパクトシティ化の日本での代表的な成功例は富山市であろう。同市では森雅志市長が初めて就任した二〇〇二年から「コンパクトなまちづくり」のスローガンを掲げてきた。まずは利用者減少が続いていたローカル鉄道富山港線を、第三セクター運営のLRT（次世代型路面電車）に生まれ変わらせた。乗客数は二倍に増え、とりわけ高齢者の利用が増加した。

次に取り組んだのが、富山市の中心市街地を走る路面電車の環状線化。これも難関プロジェクトだったが、やり遂げた。線路は行政が整備し、運行は企業が行うという上下分離法が路面電車では日本で初めて導入された。

富山市の成功は行政投資を引き寄せた市長の手腕によるところ大と思われるが、人口減少のほかに、公共交通の衰退、CO_2排出量増大、中心市街地の魅力低下など共通の悩みを抱える地方都市には大いに参考になるはずだ。

県内での二地域居住という考え方

河合　日本人は土地に対する思い入れが強い。とりわけ先祖代々守り続けてきた土地というのは愛着以上のものがある。

住み慣れた故郷には先祖のお墓があり、それを守っていかねばならないという思いは各人にある。故郷からなかなか離れられないものだ。私はそういう故郷に対する思い入れが日本文化の多様性、奥深さにもなっていると考える。人口減少社会でコンパクトな街づくりは避けられない部分もあるが、なるべく地域や集落を残す方法はないものかとも思うわけだ。

政府は、東京と地方との二地域居住を想定しているようだが、私はむしろ地方の中における二地域居住という暮らし方が定着すると考えている。そこで、気軽に故郷の家に帰れるようなところにセカンドハウスを設けるのが現実的だろうと思うわけだ。県内での二地域居住を推進することで、一度、県庁所在地に住んでみようという人も出てくるだろう。

中山間地に住むお父さん、お母さんが県庁所在地のマンションかアパートでウイークデーを過ごし、土曜日や日曜日には息子や娘一家とともに、出身地の自宅をセカンドハウスのようにして過ごすようなライフスタイルが定着すれば、地域内でずいぶん人の動きも出てくるようになるのではないだろうか。

増田　徳島と香川の県境にある徳島県の三好《みよし》市に行ったことがある。ここは徳島空港と高松空港とちょうど中間に位置する。飛行機の時間の都合で、行きは徳島空港、帰りは高松空港を利用したのだが、その三好市の市長がこうこぼしていた。

「就職のために三好からどうしても若いのが出ていくのだけれど、せめて四国のなかで働き場を見つけてくれれば、ぜんぜんUターン率が違ってくる。大阪に行かれてもなかなか大変なのだが、大阪が凋落《ちょうらく》したため、大阪を飛び越えて東京に行ってしまうようになった。こうなると、若い連中はほとんど戻ってこなくなる」

たとえ県は違っても四国内に職場を見つけてくれれば、定期的に地元の親のところに顔を出してくれるし、親も息子のところに行けるので、二地域居住は十分可能になるという。二地域居住ではそれぞれの負担をどう軽減するか、智恵の出しどころがあると思う。若者が働ける場（学ぶ場）があること、若い夫婦の生活や子育て環境が整備されていることなどが必要だ。県庁所在地が有力だが、第二、第三の都市も努力が必要だ。

積雪地帯の中山間に住む高齢者が、冬などの農閑期に中心市街地に移住する二地域居住の促進なども重要だろう。移住する人にとって大きな不安は、新しく住むところのコミュニティにうまくなじめるかということだが、時間をかけて取り組むことで不安を解消できる。

多機能拠点化の展開

河合　先に増田さんがふれたとおり、三〇万都市圏構想と並んで国交省が示している計画に、「小さな拠点」というものがある。

増田　現実に全員が山から麓《ふもと》に下りるのは難しい。そこで小さな拠点に生活機能を集約していく。どうしても高齢化が進んで拠点として守るのが大変になってくるならば、徐々に麓のほうに集約化させることになるが、何度も言うとおり、そのときの合意形成は政治的にはなかなか大変だと思う。

小さな拠点づくりについては、無理やりに投資をするのではなく、空き校舎を活用したり、あるいは郵便局と役場を合体させ、そこに他の機能もくっつけてもよい。

現に高知県では多機能拠点化を展開している。要は、サービス拠点を一カ所に集約（ワンストップサービス拠点化）して、そこでデイサービス、スーパー、特産品の販売店、民泊スペース、シェアオフィスといった多機能を果たせるようにして、そこの生活者を守るということが現実的な方法だと思う。

　これまで小学校の統廃合などが多くのところで行われたけれど、結局は街のいちばん中心部に立地する学校を残してきた。議論の末、最後はやむをえないということで、それを繰り返してきたわけだ。小学校のみならずほかの機能も含めて、どうしてもいちばん利便性の高いところにだんだんと集約されていくのは当然の道筋であろう。

　小さな拠点があっても、受け身の姿勢で利用が減少するから一緒にした、集約化したではなく、むしろ積極的にそこに少しでも新しい付加価値を出して、それが少しでも長く続くようにすればいいと思う。

　ただし長い目で見ると、驚くほど人口は減っていくし、高齢化もする。だから全体のことを考えると、中山間の生活機能は保持すべきだけれど、順次麓で、高齢者同士で支え合うとか、若い人たちの仕事の場を確保することが大事ではないかと思う。

河合　中山間地の集落といえば、農業が主産業だろう。小さな拠点づくりとともに、農業を維持することが地域の生き残りにとっては大きな課題だ。だが、生産性を向上させなければならないという長年の懸案もある。

　私は農林水産省の有識者会議の委員も務めているが、これを解決するため、私が農水省幹部などに提言しているのが、ＩＴやロボットなど高度な技術に支えられた「スマート農業」の大々的な展開だ。生産コストを下げられるし、人出不足も補える。もちろん、これには大規模な投資や技術者の確保という新たな問題が生じるが、企業を呼び込み大規模化すればコスト面の問題はクリアできるだろう。大規模化すれば、必要人員がそれほど必要なくなるかもしれない。だが、農業従事者の高齢化で農地を耕す人が減り、耕作放棄地がどんどん広がっている現状をかんがみれば、農業の大規模化に転じる発想の転換は農業集落が生き残るためにも不可欠ではないだろうか。

「野菜工場」であれば、天候の影響を受けにくく、安定した収益を期待できよう。雑草取りなどの手間も省ける。大々的な「野菜工場」は、商品開発や品質管理といった仕事がメーンとなり、農業という仕事のイメージががらりと変わる可能性がある。体力的に農地を耕すことに抵抗のある若者や、土まみれになるのは嫌だと考える都市住民でさえ、「野菜工場」を運営する大企業ならば就職しようと移住してくることになるかも知れない。

すでに、自動収穫や肥料をまくロボットの開発が進んでいる。田んぼにセンサーを取りつけ、水温データなどを毎日把握することで稲にとって一番適した環境を整えようとの取り組みも始まっている。

農業は地方が優位性を発揮できる産業であることにもう一度注目したい。中山間地に限らず、農業を主産業とする多くの地域にとって一つの選択肢になるのではないだろうか。

提言6　発想の大転換「スーパー広域合併」

求められる行政サービスの効率化

河合　人口集約をせざるをえない背景には、人口減少社会ではこれまでのように行政サービスを続けられないという自治体側の懐事情もある。

増田　若年人口を大きく減らす自治体が十分な行政サービスを続けることは困難であろう。現状の市町村の線引きを乗り越え、拠点都市と役割分担してネットワークを構築することが、結果として、より多くの自治体や集落を存続させることになる。

河合　米国などでは、市の財政破綻を避けるために住民が居住するエリアを区切り、エリア以外の土地に住み続ける人には行政サービスを打ち切った例もあると聞く。人口減少下においては、限られた税財源を「にぎわい」づくりに投じるためにも、日本もそうした大胆な手法に踏み切らざるをえなくなるのではないか。

増田　米国のデトロイトは、財政破綻する前、市街地が低密に拡散しており、行政サービスを提供するうえで非効率な都市構造となっていたが、市長が行政サービス（廃棄物の収集、警察の巡回警備、道路補修、街路灯、下水道等）の提供エリアを市域の三分の二に限定する方針を示したことがあると聞いた。もちろん市が住民を強制的に移転させる権限はなく、住民がいるかぎり行政サービスを完全に停止することはできないが、地区を指定して行政サービスの水準に差をつけることで、間接的に住民に移動を促すということだ。市内各地区の市場性を示す市場規模指標、市場強度指標、市場安定性指標、市場潜在力指標といった指標を発表するなど統計データを整備・公表し、こうしたデータに基づいて地区の選定が進められたという。

公共施設をコンパクト化で再編

増田　日本でも行政サービスの再検討が始まっている。全体的に人口が減っていくなかで、いままでと同じような配置で公共施設をあちこちに散らしておくのは得策ではない。同じものを建て直したり、維持更新のときに全体を縮めていったり、あるいは積極的にもっと早い段階からコンパクト化を考えておく。

言うまでもないが、もっとも厳しいのは、二〇〇七年に財政再建団体に転落した北海道夕張《ゆうばり》市であろう。図書館はじめ多くの公共施設が廃止され、公衆トイレさえもがその対象となった。コミュニティセンターは町内会などに民間委託され、辛くも存続している。

平成の大合併はダブついた公共施設の整理統合を加速させた。二〇〇五年に一二市町村が合併して政令指定都市となった浜松市はドラスティックな公共施設のコンパクト化を断行した。合併で機能が重複する庁舎、施設などを利用率や運営収支をもとに大ナタをふるった結果、約四三〇の施設を廃した。

公共施設の一元的な維持管理に取り組んでいるのが神奈川県秦野《はたの》市だ。二〇〇九年に公共施設に関する情報を集約した「公共施設白書」を作成、公表した。これには同市にとって都合の悪い情報も開示されており、一種の「見える化」が行われた。面白いのは、同白書が市民と役所をつなげる媒介の役目を果たすことになったことだ。白書の発表以降、単純な数字だけではわからない有用な情報が市民からどんどん届くようになった。これを活かしながら、公共施設の再配置という難問をどうさばいていくのかが見ものだ。

ともあれ公共交通機関、バスや小型の乗り合いバスといった足だけはきちんと整備しておくべきであろう。あとは、さまざまな公共施設の配置はできるだけ身近なところに切り替えていくべきだ。

先にも述べた上士幌町では、役場の周りに認定こども園を、老健施設も役場のすぐ隣に建てた。二〇一六年には生涯学習センターをやはり役場の脇に建設するという。公共施設全体を街の中心部に置いて全体を維持しようとしている。こういう考え方はどこでも大事ではないか。

これは中山間の集落であったり、小さな拠点においても同じだ。中心集落をきちんと残して、複数施設は無理でも一カ所となればそこに残して全体を支える、という考え方をとるべきだ。

たとえば千葉県と佐賀県の「広域合併」があってもいい

河合　政府や自治体に多くを頼れないとなれば、住民自らが動くしかない。すでに住民が積極的にボランティアを買って出る例も多い。しかし、少し発想を変えれば、まだ方策はある。

介護を例にとって説明したい。政府は、医療・介護を「病院完結型」から「地域完結型」へとシフトさせていく方針だ。要するに、治る見込みがなくなったら、自宅で静かに〝その時〟を迎えてもらいたいということだ。しかし、一人暮らしの高齢者も少なくない。家族がいても、働いていたり、高齢夫婦のみで世話をする人がいなければ一人暮らしと大差はない。政府の進める「施設から在宅へ」という政策転換は、理屈では正しいが、現実が追いついていない。

厚労省は対応策として、団塊世代が七五歳以上となる二〇二五年をめどに、自宅をベースとして、医療機関や介護サービス、生活支援や介護予防事業などが一体的に提供される「地域包括ケアシステム」を構築する考えだ。

二四時間の定期巡回サービスをしようというのであるが、一人暮らしで本当にやって行けるのか不安をいだいている人も少なくないだろう。

そこで、提言したいのが、大都市圏にある自治体と地方の自治体が介護を通じた〝合併〟を図ってはどうかということだ。地方では高齢者向けの福祉施設、特別養護老人ホームのベッドに空きが出始めたと聞く。

広域合併といっても、いきなりすべての面で一緒にしようということではない。大都市圏の自治体は、提携する地方の自治体の行政全般に対して、人的、財政面を含め全面支援する。働き盛り世代が地方の高齢者を手助けするボランティア制度など、住民同士の交流も積極的に図るようにする。

これに対し、地方の自治体側は、土地提供をはじめ大都市圏の自治体住民向けの介護施設整備に協力する。一人暮らしや高齢夫婦のみの世帯が多い大都市圏では施設を必要とする人が増えるが、高地価で簡単に整備できない。交流を深めた自治体の土地に建設することで待機者を減らすのだ。東京都杉並区が、交流のあった静岡県南伊豆《みなみいず》町と提携して特別養護老人ホームを整備したことが話題になったが、これをもう一段押し進めるわけだ。

人口減少が深刻化する地方にとっても、大都市圏との提携はメリットが大きい。都道府県の枠を超えた「二一世紀型の広域行政」とし、仮に県単位ならば、千葉県と佐賀県が合体、合併するのだ。最終的には、首長一人で予算まで〝一体化〟してしまってもよい。

それぐらい大胆な発想の転換、ウルトラEをやってみてはどうかと考えたのだ。むろん、いろいろと難しい問題はあるのは承知のうえだ。

増田　これまでは東京と地方の補完関係を考える機会は少なかったが、今後そういう仕組みも勘案しなければならないと思う。

最初は分野を限っての協力関係からだろうが、いくつか事例を積み重ねることができれば、今度は自治体としてどうするかという大きな話になっていく可能性もある。

たとえば東京と佐賀では距離がありすぎるけれど、東京と長野あたりだったら、そのあいだに一つ二つ県が入っていてもさまざまな施策が実行できるはずだ。

河合　いまでさえ市町村に飛び地があって、へんてこな区画に分かれているような地区があったりするのだから……。新幹線はまだまだ料金が高いけれど、移動の経費とか時間の

ロスの面でいまは壁がなくなってきた。
郵便料金がそうであるように、仮に日本中すべてのところに一律三〇〇〇円で行けるといったユニバーサル料金、準ユニバーサル料金が採用されるならば、人の流れは一変する。

増田　本当はそうなってほしい。自治体で財政的に補てんするのは限度があって無理なのだが、交通事業者がすべからく、もっと柔軟な割引を実施する。新幹線などは高齢者対象のフルムーンパスを拡大して使いやすくする手もあるだろう。これから時間的に融通がきく年代が増えてくるという高齢者のメリットを考えると、ＬＣＣの多路線化は大きな武器になるはずだ。

提言7 アクティブシニアが活躍「CCRC」構想

「永住」ではなく「お客さん」としての移住

河合 ここまでいろいろなアイデアを提言してきたが、人口減少対策では、「時間稼ぎ」が最大のポイントになる。政府は地方に雇用をつくり、若者の都会流出を防ぎ、あるいはUターンさせることで地方消滅に歯止めをかけようとしているが、すでに若者の絶対数が極度に減ってしまっている。ましてや出生数を増やして人口減少を止めようとするのは、その成果が現われるまでには相当の時間を要することになる。

ではどうすればいいかといえば、最後の人口ボリュームゾーンの東京圏の高齢者に、出身地に戻ってもらうことだ。問題提起篇でも繰り返し指摘したように、東京圏の高齢化問題は今後、間違いなく国家レベルの課題となる。

東京圏の高齢者が大量に地方に移り住めば、地方の人口減少はそのスピードを緩和することができるので、人口減少対策を考え、講じる時間的ゆとりが生まれる。一方で、東京

都市住民の農山漁村への定住希望

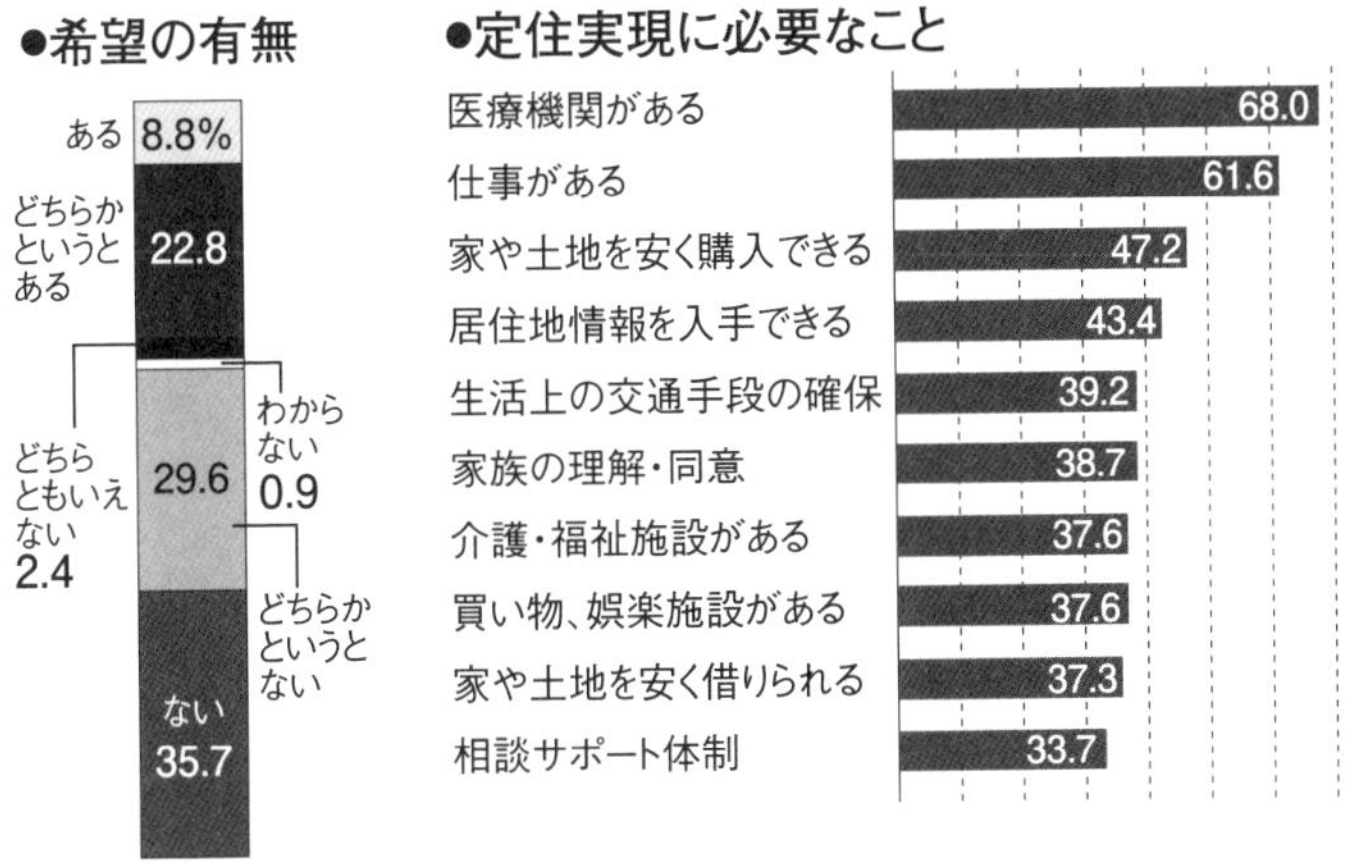

出所：内閣府「農山漁村に関する世論調査」（2014年）から

圏の高齢者問題もかなり解決することになる。まさに一石二鳥であろう。

地方移住を考えている人は少なくない。内閣府が発表した「農山漁村に関する世論調査」（二〇一四年六月）によれば、都市住民の三一・六％が「農山漁村地域に定住したい」との願望を抱いている。六〇代は三三・八％、二〇代は三八・七％にも上る。

だが、いざ行動に移すとなると、尻込みする人は少なくないと思う。築いてきた友人関係は途切れるし、金銭面での懸念もある。冠婚葬祭など移住先の〝しきたり〟になじめるか不安も大きい。便利な都会暮らしを手放したくないという人は多い。地方に行くのは「都落ち」のようなマイナスイメージを持つ人も少なくないだろう。

こうした懸念を払拭《ふっしょく》するために大いに参考になるのが米国で定着している「CCRC（Continuing Care Retirement Community）」と呼ばれるコミュニティだ。私はこれを日本流にアレンジして展開するよう提唱を続けてきた。

増田　CCRCについては、私が座長で、河合さんが委員をつとめる内閣官房の「日本版CCRC構想有識者会議」で、具体的な検討を進めているわけだが、私も実に面白い構想だと思っている。これまでの高齢者向け施策というと、特別養護老人ホームの整備といった要介護状態になった人のケアが中心となってきたが、CCRCはアクティブシニアをターゲットにしている。高齢社会を前向きに解決していくという発想がいい。

河合　増田さんのご指摘のとおり、CCRC構想は人生の残された元気に活動できる時間をどう有意義に過ごすのかというところにポイントがある。「日本版CCRC構想有識者会議」が基本コンセプトをまとめたので、ご紹介しよう。位置付けは、大都市圏などに住む高齢者で地方移住を希望する人たちへの支援だ。地方に受け皿となる高齢者コミュニティをつくることで、健康でアクティブな暮らしを実現してもらい、医療や介護が必要となったときには、継続的なケアが受けられるようにしようというのが狙いだ。

住民として対象となるのはアクティブな高齢者なので、従来の施設のように「受け身的な存在」ではない。仕事やボランティア、生涯学習といった活動に積極的に参加する「主体的な存在」として地域住民との交流を深める。高齢者コミュニティだからといって、高齢者だけが固まって暮らすのではなく、世代を越えた交流が前提だ。

富裕層だけでなく、一般的な退職者が入居できるよう既存の施設などもうまく活用しながら費用を押さえたモデルも想定している。政府は、補助金や税制優遇、特区などを使った規制緩和などの政策支援を予定している。

「もう一度大学生プラン」の推進

河合　先にも述べたように、私はCCRCを導入するならば、日本流にアレンジしないといけないと考えている。私が推奨しているのは大学連携型CCRCだ。リタイア後のまだ元気なうちに都会から移住し、大学のキャンパスのごとく学生生活をエンジョイする。その一方で、仕事や社会活動を通じ地域の担い手として活動しながら、必要が生じれば同一敷地内にある大学病院直結の分院や介護施設で医療サービスを受けられる。これを日本流にアレンジしようというのだ。私はこれを「もう一度大学生プラン」として提唱してきた。

増田さんはもちろんご承知のことだが、読者のために概要を説明したい。私のアイデアとしては入学者の対象は定年退職した六六～七〇歳の元気な高齢者としたい。シルバー像

もう一度大学生プラン

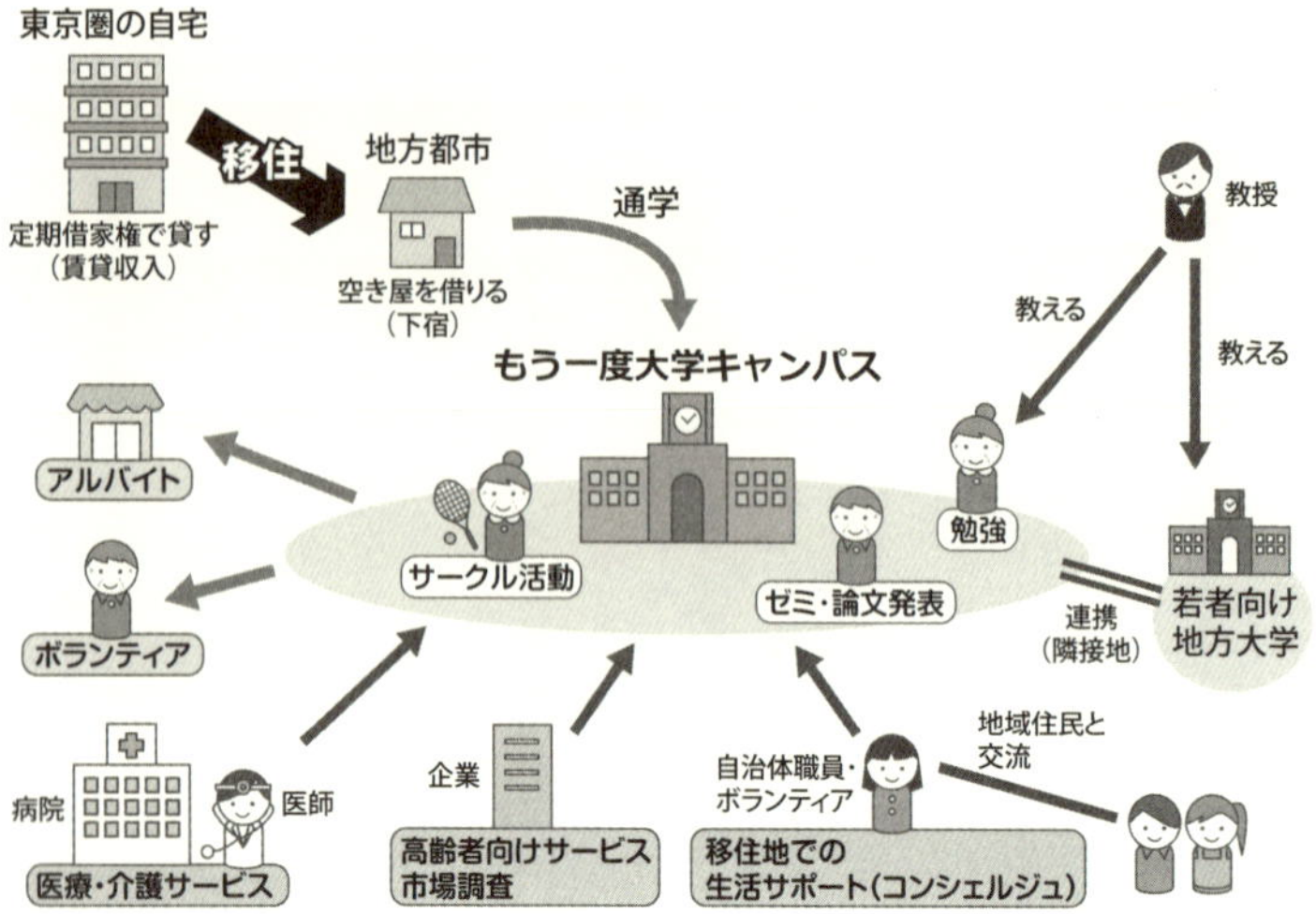

出所：河合雅司氏の作成資料から

は、ひと昔前とは様変わりしており、最近はジーンズを格好よく履きこなす年配者も増えてきた。増田さんのお話にもあったように、介護施設や「老人ホーム」のイメージとは決別し、まるで若者が集まる街のような生き生きとした「シルバーコミュニティ」を創設するのだ。

〝大学生〟に戻ったつもりで、知的好奇心を満たし、サークル活動を楽しむといったキャンパスライフを満喫する。

既存の大学のように校舎があるわけではなく、シルバータウンに大学の出前授業がやってくるイメージを思い浮かべてほしい。受験は不要で、関心のある授業だけを受講する。趣味やボランティア、アルバイトに精を出してもよい。同世代の多くの人たちとともに机を並べ、キャンパスを闊歩《かっぽ》すればそれだけで気持ちも若返る。「いきなり永住は」と考える人もいるだろうから、そういう人向けには期間限定の〝お客さん〟としての移住にする形でもよいと思う。都会の自宅は定期借家権を使って五年契約で貸し、移住先に家を借りる。契約が終了した時点で、都会の自宅に戻るか地方に住み続けるかを選択する。〝下宿生〟として地方大学に通うと考えればわかりやすい。

移住者が借りる家は、おしゃれな街並みを大学キャンパス内に新たに造成し〝学生寮〟のようにしてもよい。地方都市の市街地をキャンパスに見立て、空き家となった古民家を再利用する方法もありうる。もちろん、若者たちが通うキャンパスとの隣接地に展開できるのであれば、それにこしたことはない。世代を超えた交流も生まれやすくなる。

移住者がスムーズに暮らしに溶け込めるよう大学事務局は学級編成をする。自治体もガイド役を置き地元の人々との交流の輪を用意する。

授業は教授陣任せでなく、移住者のなかで知見を持った人がいるなら教壇に立って教える側に回ってもらってもよいだろう。大学公認で高齢者のみの運動部や文化サークルも結成する。若い学生たちとの交流戦などを開催すればさらに楽しみが増すのではないか。

以上が、私が考える「もう一度大学生プラン」だ。

ＣＣＲＣの利用料に幅を持たせよ

河合　移住に向けた機運は高まっているとはいえ、大都市圏に住み続ける以上に地方移住にメリットを見いだせなければ踏み切る人は増えない。したがって、ＣＣＲＣを機能させるには、いくつかの工夫が必要となる。

第一は移住後の生活費だ。高級リゾートのようなところばかりでは、利用者は裕福な高齢者のみとなり、老後生活を年金収入に頼る大多数の手が届かなくなる。ＣＣＲＣ普及の秘訣《ひけつ》は利用料に幅を持たせることにある。

では、一般的な退職者が利用できる料金とは、どれくらいなのかといえば、二〇一四年の家計調査などを基に計算してみたところ単身世帯の生活費は全国平均で月額八万八五四〇円かかっていることが分かった。サービス付き高齢者向け住宅（サ高住）は一三万五七九円だ。このうち家賃地代は単身世帯が約四万円、サ高住は五万五〇〇〇円弱であった。

これが東京圏となると、少し高くなる。二〇一三年の住宅・土地統計調査が東京二三区や東京隣接三県の政令指定都市を中心に調べているが、専用住宅の一畳当たりの家賃は全国平均の約一・四倍だ。これを機械的にあてはめれば、東京圏に住む単身高齢世帯の生活

65歳以上の単身世帯とサ高住の生活費

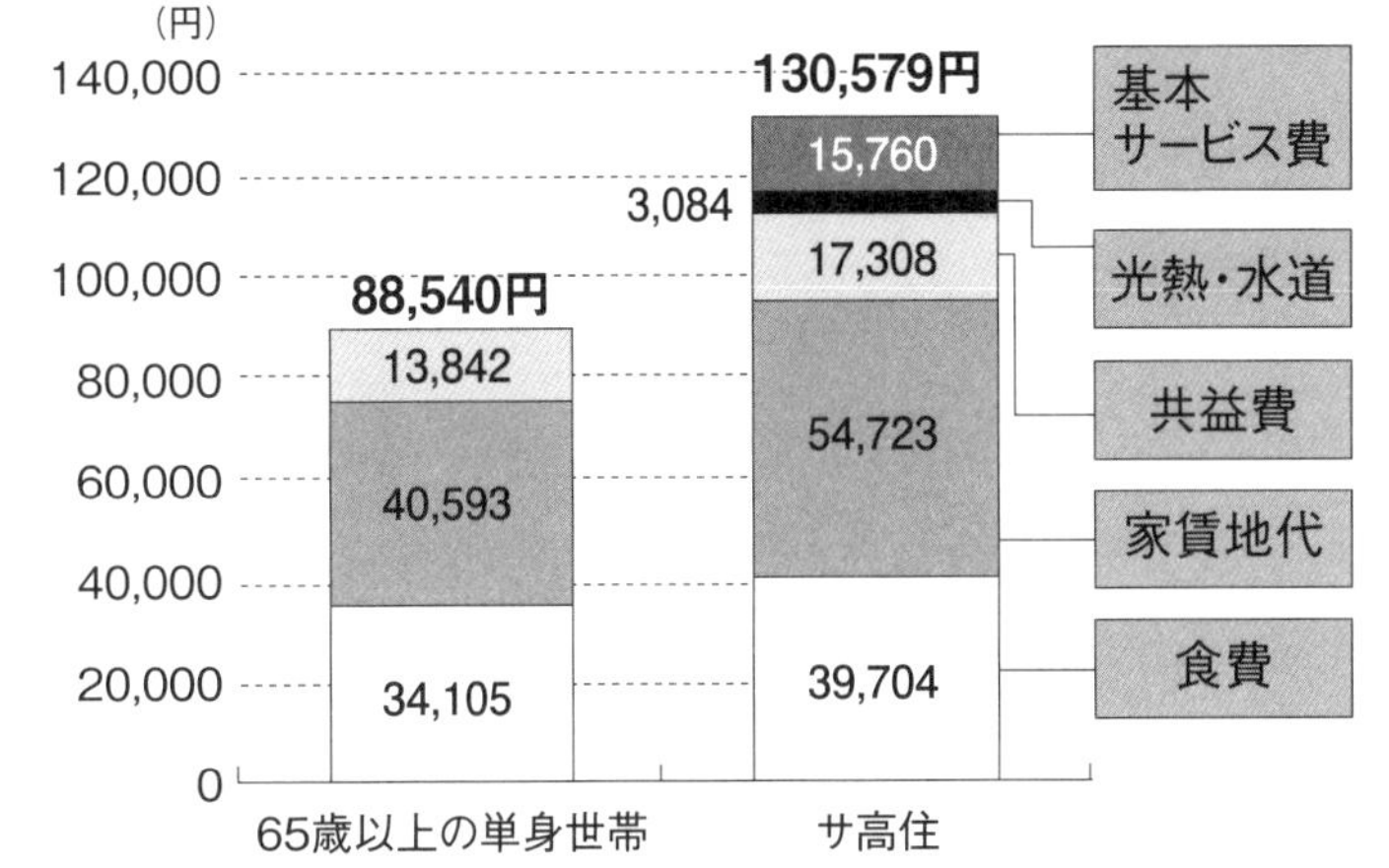

出所：2014年家計調査、2013年度有料老人ホーム・サービス付き高齢者向け住宅に関する実態調査研究事業報告書から

費は月額約一〇万四八〇〇円、サ高住は一五万二五〇〇円となる。

ならば、ＣＣＲＣの利用料をこれよりずっと低く抑えればいいのではないかと思う。割安感が出れば移住を考える人にとって大きな動機付けになるだろう。安価なＣＣＲＣの提供は一から造成、建設していたのでは実現できない。公的住宅や空き家など既存施設を徹底的に活用することだ。

ＣＣＲＣにかかるお金は家賃や食費などの利用料だけではない。大学の授業を受けたり趣味を満喫したりするにもコストがかかる。年金収入の大半をＣＣＲＣの利用料に回さざるをえないのではせっかく移住しても楽しむことができない。こうした意味においても利用料を極力安く抑える工夫がポイントになる。

第二は、医療・介護面での安心を図ることだ。政府は団塊世代が七五歳以上となる二〇二五年を見据え、都道府県ごとに疾病構造や人口の変化を勘案し、必要となる病床数を算出、過剰分については削減や機能転換を促そうとしている。

当然ながら、人口減少が進む地域は、入院患者も減っていく。医療費抑制の観点からすれば過剰となった病床を削減するのは合理的な判断なのだが、ここで発想を転換し、CCRC構想と地方病院を連携させるのだ。

東京などの大都市圏では高齢者が激増するため、自治体は病院や介護施設の増設に追われているが、現実には地価が高く用地確保は困難を極める。加えて、これから整備を進めていくとなると、住民の高齢化スピードに間に合わなくなるリスクを考えざるをえない。巨費を投じて大都市圏に建設するより、地方で余剰となる病床を活用するほうがより現実的な選択といえよう。

「CCRCに住めば医療や介護に心配がない」との評判が定着すれば、「〝医療・介護難民〟になる恐れがある大都市圏に住み続けるより、移住したほうが賢明」と考える人が増えるかもしれない。患者不足に悩む地方の病院にとっても、CCRCとの連携は経営を安定させるうえで大きなメリットとなる。

とはいえ、本来は地元の人々のためにある病院をCCRCの移住者が独占するわけにはいかない。したがって、病院とCCRCの連携には工夫を凝らす必要がある。そこで、私は「医療ポイント貯蓄制度」を考案した。

医療ポイント貯蓄制度の導入

まずはその仕組みだが、CCRCへの移住者は、自治体が指定する保育支援や地元高齢者の通院・買い物サポートといった「公的な仕事」を行い、現金ではなくポイントを受け取る。

CCRCと連携する病院には移住者の健康づくりをサポートする「健康管理クラブ」を開設してもらう。移住者は貯めたポイントに応じて「健康管理クラブ」が提供する人間ドックや定期健診、専門スタッフによる健康アドバイス、夜間や休日の診療といったサービスを無料もしくは低価格で受けられるようにするアイデアだ。

「公的な仕事」のメニューは自治体が提示し、移住者はその中から、自分ができそうな好みの仕事を選び、自分の予定や体力に応じてタイムスケジュールを決める。また、移住者が健康管理クラブを利用することにより、病院に健診データが蓄積される。「健康管理クラブ」に通うことによって医師やスタッフとも懇意になれば、本当に病気になったとき不

医療ポイント貯蓄制度のイメージ

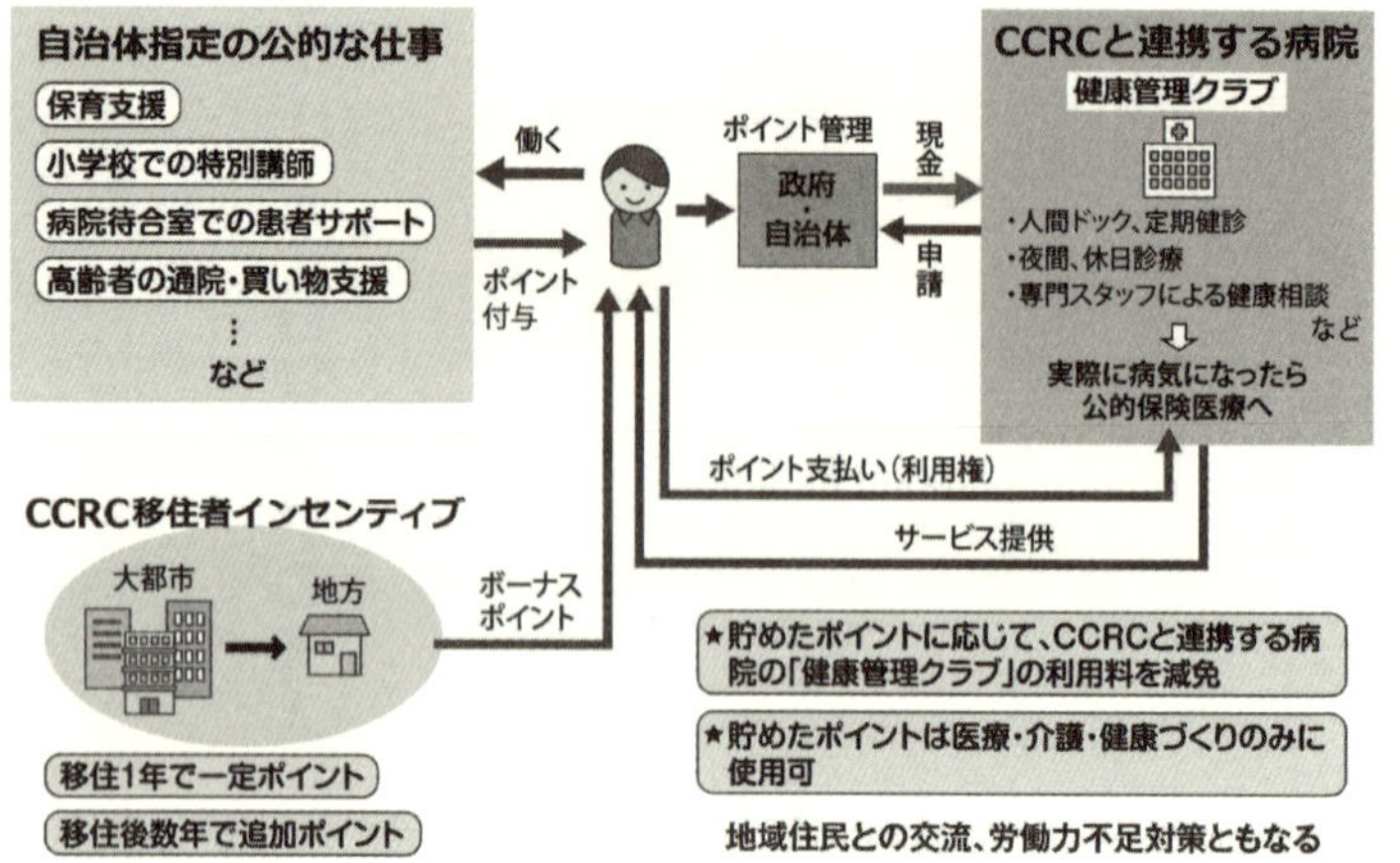

出所：河合雅司氏の作成資料から

安なく治療が受けられるようになるのではないかと思う。

財源は移住促進事業として国と自治体が分担すればいい。たまったポイントはＣＣＲＣと連携する病院でしか使えないこととし、病院はＣＣＲＣ移住者が利用した「健康管理クラブ」の費用相当額を自治体に請求する流れとする。

ＣＣＲＣへの移住を促すため、移住後一年でボーナスポイント、数年間住み続けた人には追加ポイントを付与するインセンティブを与えてもいいだろう。

こうした優遇策には地元住民の理解が不可欠だが、移住者の受け入れは人口減少自治体にとって〝消滅〟を回避する有効策の一つとなる。大量に人が移り住めば、医療や介護をはじめ多分野の産業で雇用を生み出す可能性が大きくなる。

移住者が「公的な仕事」を行うことで地域住民との交流が進み、労働力不足の対策ともなろう。本来、自治体が行うべき業務の一部を移住者が肩代わりしてくれるので、行政コストの抑制効果も期待できるわけだから、地域全体の理解は得られやすいと思われる。

移住者にとっても、見知らぬ土地で仕事を探すのは大変だが、そうした心配をせずに実質的な所得を増やせることになる。なによりも社会とのつながりは生きがいとなり、健康寿命も延びよう。

人口減少社会では既存施設の有効活用が問われている。だからこそ、地域医療構想は、人口交流がないことを前提にして検討するのではなく、大都市圏の元気な高齢者を積極的に取り込む「地方創生」の視点がポイントとなってくる。

日本版ＣＣＲＣでもう一つ重要なのは、残りの元気な時間を満足、充実させていくという仕掛けだろう。

高齢になると承認欲求が高まってくるものだ。やはり、人に認められたい。まだ社会から必要とされている自分がいる。それを再確認することは自信にもつながり、きわめて大事なことだと思う。

そうした高齢者の要求に応える仕掛けも必要ではないかと思っている。

たとえば「何々甲子園」のように全国のCCRCの代表選手が、一年に一回集って部門別に競い合う大会を開催したらどうだろうか。上位者を表彰するシステムにする。CCRCの住人が頑張れるモチベーションを高めると同時に、世代を超えて地域のなかの活動で世のなかの役に立っている意義を再確認する。

CCRCは日本版にアレンジするのが肝要

増田　都市から地方への新しい人の流れをつくることが重要な中で、高齢者に新しい生活様式を提示し選択肢を拡大することが求められる。米国では大学中心のものや、ゴルフ場中心の富裕層を対象としたものもあるとのことだが、日本の場合は富裕層だけを対象とせず、より対象を拡大したあり方を検討することが重要だろう。また、地域貢献を通じたオープンなコミュニティをつくる視点も欠かせない。

こうした試みを展開していくと、移住者と地域とが交流しやすくなっていくし、雇う側もアルバイト代を払わなくていいから、気軽に手伝ってもらえるし、移住者にしても自分自身が誰かの役に立っていることで自身の励みにもなるわけで、三方一両得のような関係になる。

移り住んだＣＣＲＣのなかだけでお互いに高齢者のみの閉じられた世界で支え合うだけでなく、地元地域でなにか役立つようなことを果たしていくことが大切だ。地元との交流が当事者のプライドというか生きがいというか、社会で自分はまだまだ期待されて役割があるのだとする自覚、充実感をもたらし、それがまた元気で長生きをしようというモチベーションにもつながる。

ただしこれは日本版ＣＣＲＣの地元によりさまざまニーズが異なる。

また、先に河合さんが導入を提言された医療ポイント制度は東京の負担を軽くするメリットがある。東京都もこれを積極的に推奨して、各ＣＣＲＣにポイントを提供するぐらいになればいい。

日本版ＣＣＲＣに移り住んだ人は最終的には東京に戻ってくる人が多いと予測されているようだが、そこをどうやって第二の故郷に近づけたらいいのか、ひいては「終《つい》の棲家《すみか》」的な場所にするのかを考えていくべきなのだろう。

河合　ＣＣＲＣについてはどうしてもアメリカのように広大な敷地を擁するリゾート地や巨大施設のイメージを抱きがちだが、日本版ＣＣＲＣはこれとは違う道を歩むべきだ。日本流にアレンジしていくには、たとえば、県庁所在地や県内二番目、三番目の大きな都市のなかにはめ込んでいくような形になるのだろう。

どこからどこまでの区画がＣＣＲＣだというのではなくて、その街にＣＣＲＣがうまく溶け込んで、移住者がＣＣＲＣの生活を送れるような姿が日本的なのかなと考えている。まずは、大都市圏から新幹線や特急電車で一時間半程度の場所でモデル事業としてやってみたらどうか。大都市圏に気軽に戻れる距離であれば、親類や旧友と疎遠にならずに済み、移住を決断しやすいだろう。

地域の拠点病院や医師会、介護施設との連携など課題も多いが、まとまった人数の高齢者が入れ替わりで都会から移住してくるとなれば、マーケットとしての魅力も高まる。高齢者向け商品開発の市場調査もやりやすく、介護ロボットメーカーなど新たな産業集積地となる可能性もある。大学連携型であれば定員割れに悩む大学にとっても、安定的な学生獲得につながる。結果として若者の働き口ができ、若者の流出防止だけでなく、都会からも戻る好循環が生まれる。

増田　ＣＣＲＣの周辺住民もそこに移り住んできた人たちの健康を気遣うし、移住者のほうは、周囲の掃除や子どもたちの登下校の手助けで貢献する。

一部のアメリカのＣＣＲＣように、郊外のゴルフ場中心に、外部の者が入れないような閉じられた施設にしては駄目だ。そう思われた途端、地方ではみんなからそっぽを向かれてしまう。日本版ＣＣＲＣを成功させるためには、そこのところをかなり意識しなければならない。

河合　もちろん、私は大学連携型にこだわっているわけではない。いろいろな形のCCRCがあっていいと思う。たとえば、趣味に特化したCCRC構想だ。同じことに興味を持った人が集まれば話も盛り上がるだろう。提言3の「世界オンリーワンの街づくり」のところでも述べたが、映画ロケ村と連携したCCRCなども一つの手だ。それ以外にも、エンジニアだった人が中心のCCRCでオリジナルの自動車づくりに挑むとか、音楽好きな人が集まり住んで楽団を結成し、各地でボランティア演奏をして回るというのもよい。定年退職した元大学教授が集まり一つのCCRCをつくるというアイデアも面白い。学者の場合、蔵書が多く、都会の狭い自宅では置き場に困っているという。地方移住すれば書庫のスペースは確保される。CCRCで学者同士の交流の場ができ、違った分野の研究交流に発展すれば、それこそが「知の拠点」だ。世界から注目されるCCRCになるかもしれない。

シャッター通り商店街をそのままCCRCにするというのはどうだろうか。いつかは小さなお店を持ちたいという女性は少なくない。この夢を叶えるのだ。空き店舗を安く貸す形とし、店舗の二階を居住スペースとするのだ。

赤字経営とならないようネット販売を主流とし、店先に小さな喫茶を併設して、地域の人々や観光客との交流を大切にする。全国から移住した人だけの商店街となれば話題を呼ぶだろう。あまり杓子定規《しゃくしじょうぎ》に考えるのではなく、街の特徴を生かしながら地元の人々も巻き込んで、地域全体でわくわくするようなＣＣＲＣづくりを楽しめれば、それが結果として地方創生ともなるだろう。とにかく、夢中になれること、わくわくすることが待っていなければ、人は動かないものだ。

増田　ただ単に東京の高齢者を地方に移住させるという発想だけではこの構想は成功しない。日本版ＣＣＲＣの意味、意義をさらに大きくしていくために必要なのは、多彩な経験や価値観を持つ人たちが移り住んできて、それまで気付かなかった地元の素晴らしさの再発見を伝え新鮮な提言が行われるようになることだと思う。

そうなれば、日本版ＣＣＲＣは予想以上に面白い存在となり、高齢時代の切り札になるかもしれない。そして、ここでも鍵となるのは女性だ。アメリカのＣＣＲＣでは、入居者の七割から八割が、女性と報告されている。日本版ＣＣＲＣでも女性の意見を踏まえることが重要となろう。

提言8　第三子以降に多額の現金給付

諦めてはならない難問の少子化対策

河合　話題を大きく変えて、次は少子化対策を考えたい。人口減少は出生数を増やすことでしか最終的には解決しないことは、これまで述べて来たとおりだ。

地方創生を考えるうえで大きなテーマとなるのが少子化対策だ。これは政策というよりも国民一人一人の価値観や社会の雰囲気に拠るところが大きい。ここまで出産可能な若い女性の数が減ってしまったいまとなっては、出生数を反転させるというのはきわめて至難の業であることは百も承知だが、ここで諦《あきら》めてしまったのでは日本人の〝絶滅〟は避けられない。とにかく地道に取り組んでいくしかない。

増田　政府も自治体もかなり腰が引けていた。政府は二〇〇三年に少子化基本対策法を制定し、二〇〇七年には少子化担当大臣を置き、この問題に取り組んできたが、少子化担当大臣は実に一五名を数えており、この問題への真剣みの足りなさを感じる。少子化対策は、保育施設の整備などをすればよいということではなく、働き方を含め国民のライフスタイルを大きく変えることが求められる。国ももっと腰を据えて政策を推進してもらいたい。自治体も少子化対策をほとんどしてこなかった。わずかに大都市地域で保育所の整備に努めてきた程度だ。これからはもっと大胆に取り組んで良い。また、日本の場合は出産と結婚がセットだ。婚活などの支援もあっていい。

河合　少子化対策を有効なものとするにはターゲットを絞ることだ。一律の政策展開では効果は薄い。何人目の子どもを産むのかによっても必要となる支援内容が違ってくることは第一部でも述べたとおりだ。

まずは第一子である。晩婚が広がり、それに伴って晩産も進んだことが少子化の大きな原因だ。

日本は「できちゃった婚」という言葉でも分かるように、順序がたとえ逆になっても結婚と妊娠はワンセットである。婚外子は圧倒的に少ない。これは良い悪いの問題でなく、そういう文化なのだ。

一九八〇年と二〇一〇年の二五歳女性の未婚率を比べると、四一・〇%から七四・六%へと激増している。三〇年前には多くが子どもを産んでいた年代が、結婚していないのだから日本の少子化が進んだのも当然だ。

結婚が遅ければ、当然、一人目の子どもを産むのも遅くなる。二〇一四年版の少子化社会対策白書によれば、一九八〇年に第三子を産んだお母さんの平均年齢が三〇・六歳だったのに対し、二〇一二年の初産の平均が三〇・三歳だ。数十年前ならば三人目を生み終えている歳だ。

では、なぜ晩婚、晩産傾向になるかと言えば、もちろん社会の価値観が変わり、結婚よりも仕事を重視する女性が増えたこともあるのだが、伴侶となる男性を含め、若い世代の収入が安定しないこともある。一五～三九歳が対象の厚労省の「若者の意識に関する調査」によれば「経済的余裕がない」が男性の未婚理由の上位に来た。子どもを増やせない理由も、二〇～三〇代では「子育てや教育にお金がかかりすぎる」が突出している。まずは、若者の生活を安定させることだ。

「不妊大国」から脱却するための妊孕《にんよう》教育

河合　晩婚が進んだ結果、不妊治療に頼る夫婦の割合も増えた。社人研の「出生動向基本調査」（二〇一〇年）によれば、不妊検査や治療経験のある夫婦は一六・四％。六組に一組が悩んでいる計算だ。子どものいない夫婦に限れば二八・六％に跳ね上がる。日本は「不妊大国」でもあるのだ。

もちろん、自らの意思で出産を遅らせている人の選択は尊重されるべきだ。問題は、知識がないがために〝予期せぬ不妊〟になった人が少なくない点だ。まずすべきは妊娠知識をきちんと教育し、「若いうちに結婚、出産をしておけばよかった」と後悔する人を減らすことだ。

最近は、「若いうちに卵子を凍結保存し、将来の不妊リスクに備えたい」との考え方が、健康な独身女性にまで広がっている。だが、保存をしておけば「将来の妊娠」が約束されるわけではない。

医療の進歩に過度の期待を寄せるより、産みたいときに安心して産める環境の整備にこそ力を入れるべきだ。晩婚や晩産は、社会要因が複雑に絡み合って起こっている。問題を一つひとつ取り除いていくしかない。

こうしたことを考え合わせると、第一子対策の最大のポイントが結婚対策であることがわかる。

そうした厳然たる事実がある以上、結婚対策をしないと、出生数の減少に歯止めをかけたり、人口減少のスピードを緩めることはできない。

望まれる〝世話焼き〟の復活

増田　少子化対策を考えるうえで、結婚がポイントであるというのは同感だ。この提言の冒頭でも述べたが、結婚に関して言えば、男女の出会いが少なくなったことも要因に挙げられる。出会いに恵まれない人も多い。ネットが普及して、出会いに関する情報量は増えたが、「もてる人」と「もてない人」の二極分化も生んでいる。二、三回の失敗で自信喪失になっている人もいる。

かつて近所や職場には縁談を勧める〝世話焼き〟がいたが、いまはなかなか難しい。若い男女が自然に交流できるボランティアなどの仕組みを制度化し、出会いの場を創出することが重要だ。

そして、なにより重要なのが「家庭を築く楽しさ」を社会全体で再確認することだ。結婚や出産の厳しさや苦しさばかりを強調する情報があふれ続けたのでは、若い人が結婚や出産を尻込みするのも当然だ。

結婚や出産の体験者である〝大人〟たちが、「子どものいる家庭」の楽しさや充実感を若い世代にしっかり伝えることこそ、いまの日本にもっとも求められていることだ。

昔の働くお母さんはうんと若くして子どもを産んだことから、その分早く子どもが親離れした。そうすると自分は仕事のほうに復帰できる。出産が遅くなるほど、自分が年を取るまで子育てにかかるから、ほとんど仕事を諦めなければならなくなる。

河合　政府の世論調査では、九割の国民が結婚したいと思っており、しかもその九割が子どもは二人以上ほしいと思っている。そのギャップをどう埋めるかだ。政府もそこはわかっていて、第一次安倍政権の頃からそのギャップを埋める努力をしてはいる。

しかし、先にも触れたとおり、結婚や出産というセンシティブな問題に国が関わることだけに、政治家も官僚も世論の反発を怖れて、きわめて及び腰になってきたのだ。

いまや「国家の非常時」だから、私は、政府はもっと積極的に結婚対策に関与すべきだと思う。若い人の雇用対策や所得対策なども含め、結婚ができるような社会をつくっていく。それが、子どもが産まれやすい国を取り戻していくための最大の課題だと思う。

たとえば、政府主導のボランティアで、未婚の男女がグループをつくり、一緒になってなにかをできるような仕掛けをつくるのも一つだろう。

一方、少子化は駄目なことだというメッセージを政府は強く出していくべきだ。少子化がこのまま続けば日本は取り返しがつかなくなる。結婚も出産も個人の選択であることは言うまでもないが、いま求められているのは、子育て支援ではなく、子どもが生まれてこない社会を改めることだ。首相には二一世紀型の「産めよ殖やせよ」を唱えるぐらいの危機感を持って、出生数回復への機運を盛り上げてもらいたい。

大人たちは子どもがいる世のなかの豊かさを語れ

河合　増田さんも指摘されたが、少子化を招いた一つの要因に、世のなかの先輩たちが若い人たちに対して、「子育ては大変だ」とあまりにも子どもを持つことのマイナスイメージを言い過ぎたことがある。たしかに昔も今も子育ては重労働ではある。それでも、「子どもができたら自分の時間はなくなるし、お金はかかる。手助けしてくれる人もいなくて、世間から白い目で見られるし」というようなマイナスイメージを植え付けすぎた。

こんな話を聞かされ続けたら、誰だってなかなか結婚しようという気にならないし、自分は子どもを持ってもやっていけるのかなと不安に苛《さいな》まれてしまう。人生の先輩たちには、もっと子育てをする喜びや面白さを語ってほしいものだ。

いまは赤ちゃんに触れる機会が際立って少なくなっているのも問題だ。私は、自治体の事業で開催する町コンには必ず育児参加のイベントを組み込めと呼びかけている。なぜなら、女性が相手を見定めるときも、本当に赤ちゃんを目の前にして男性がどういう振る舞いをするかで、夫に足りうる人物なのか見極められるし、その反対もそうだからだ。この女性はどう見ても赤ちゃんのことが嫌いだな、と。こうして赤ちゃんに触れることは少子化対策にはかなり有効ではないかと思っている。

増田　昔は子だくさんの家庭が多かったから赤ちゃんとも自然と触れ合う機会も多かったが、いまは違う。子どもを育てることに対して、こんな幸福感を得る一方で、苦労も経験する。その本質と、きちんと準備して対応すれば負担が減ることを自治体はわかりやすく教える必要がある。最近では婚活ばかりが注目されるけれど、先刻述べたように昔ながらのおせっかいオバさん、オジさんが少なくなったし、職場の運動会、社内旅行のような男女の出会いの場がなくなってしまったことも大きい。

河合　いまは会社では結婚に関してなにか言おうものなら即セクハラになってしまい、上司がなかなか結婚を勧めるということができない。よほど親しくならないと、あなたはどうなのと聞けないご時世になっている。

多子加算を手厚くして少子化の流れを変えよ

河合　ここまで出生数が減ってしまった現実を考えれば、まずは第一子を増やすことに全

男性の家事・育児時間と第2子以降の出生数の関係

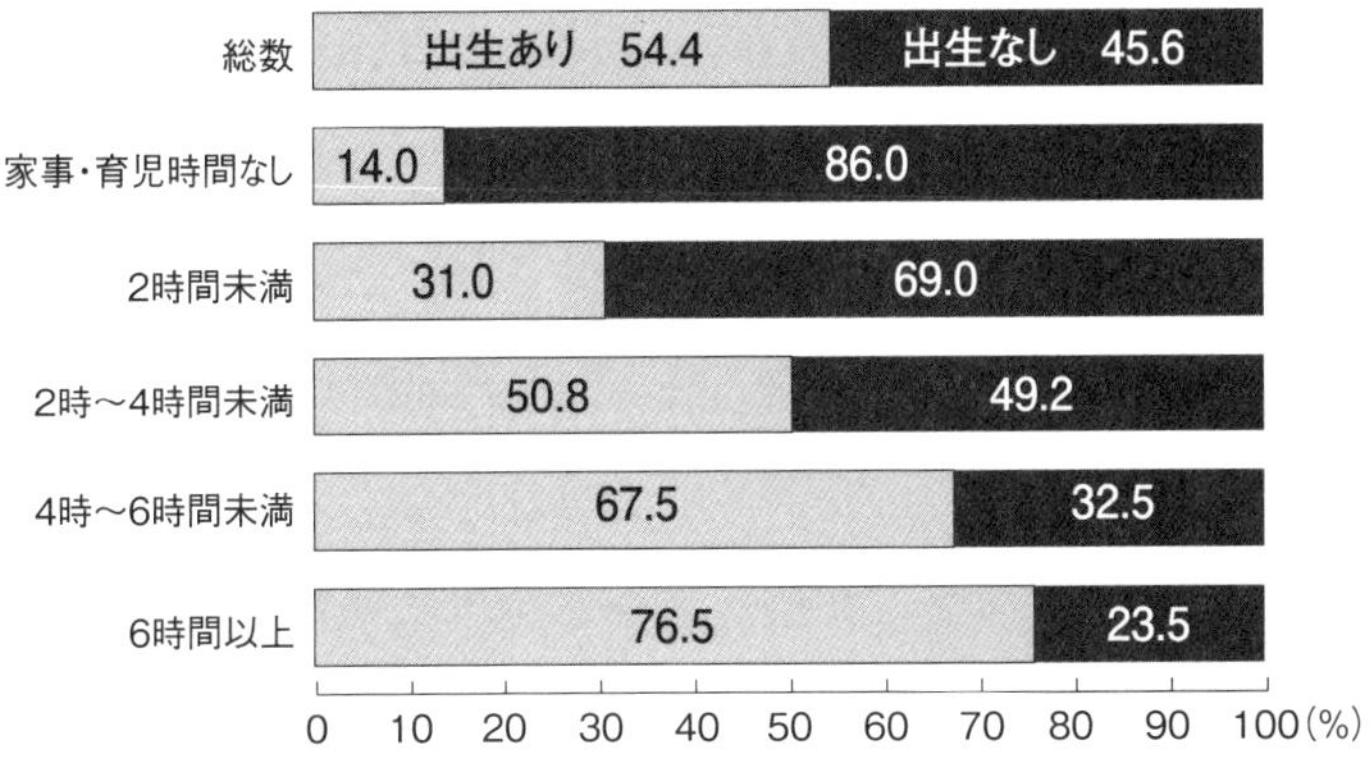

※総数には、家事・育児時間不詳を含む。

出所：厚生労働省「第10回21世紀成年者縦断調査」（2012年）から

力を挙げざるを得ないが、第一子が生まれただけでは人口減少を克服することはできないのも事実だ。なぜなら、将来、その両親が亡くなると一減となるからだ。結婚しても子どもに恵まれないカップルもいることを考えれば、第三子以降が増えない限り、人口が増加に転じることはない。

厚生労働省に、とても面白い分析結果がある。

「二人目をもつ、もたない」の判断については、夫の休日の家事・育児時間と因果関係があるとのデータがはっきりと出ているのだ。夫の家事・育児参加の時間が長いほど第二子以降が生まれる割合が大きい。四時間以上になるとなんと〝七割〟が二人以上産んでいる。

すなわち、第三子以降を増やすには、男性の家事・育児参加を促す政策がポイントになるということだ。

最近はイクメン（育児に積極的に関わる父親）になろうという男性も増えてきてはいるが、そのためには長時間労働の是正が不可避である。しかし、働き方改革をすればよいというほど単純でもない。子育て世代には残業代をあてにして生活をやり繰りしているような世帯も多く、これでは夫が家事・育児参加をしたくてもできない。少子化対策において最優先すべきは、若い世代の雇用を安定させ、生活不安を払拭することである。

それにしても、子どもが三人以上いる家庭は減っている。二〇一〇年の社人研の出生動向基本調査によれば、夫婦の最終的な平均子ども数は一・九六人だが、子ども三人以上の夫婦は全体の二一・六％にすぎず、一四年調査の三四・四％に比べ激減した。

その理由を調べると、三人目以降の出産を見合わせた夫婦の七割が「お金のかかりすぎ」を理由に挙げていた。ならば、経済的な悩みを取り除けばいい。

そこで、私が提言しているのが、多子加算にメリハリを付け、第三子以降に相当高額な現金給付をする案だ。晩婚・晩産の流れを止めなければ、「三人目を産もう」とはならない。

二〇〇五年版「国民生活白書」によれば、子ども一人にかかる費用は第二子は第一子の八割、第三子は六割程度で済むという。現状では三人以上の子どもを持つ夫婦が減ってきているのだから、対象人数は少なく、思い切った政策が打てるはずだ。

とはいえ財源には限りがあるので、第三子以降を手厚くする代わりに第一子、第二子については、二〇代で出産した人への傾斜配分とする。さらに言うならば、第一子の児童手当を全廃するぐらいのことをすれば、十分な財源が生まれるだろう。

子育てで一番お金がかかるのは大学への進学費用なので、保育費や学習塾代もふくめ教育費を思い切って無料にするぐらいに〝優遇〟するのだ。

安倍政権も、第三子以降への重点支援を打ち出してはいるが、ダイナミックな取り組みにはなっていない。いまこそ、いろいろな少子化対策のインセンティブを働かせていくような政策を実行に移すべきであろう。いつまでもきれいごとを言って、小手先の改革でお茶を濁していたのでは、日本は本当に沈没してしまう。

増田　政府のデータによれば、スウェーデンは、第一子は月額一・六万円、第二子三・六万円、第三子六・〇万円、第六子になると実に月額一六・七万円の児童手当が出る。額そのものは、国の財政事情にもよると思うが、国が第六子まで明確に示しているという国民に対するメッセージは大きいと思う。日本はかつて標準世帯といって、夫婦に子ども二人の家庭を標準としたが、どうもそれが身にしみついている。これを変えないといけない。驚くほどの支援をするという国としてのメッセージが重要だ。「思い切り」の良さがないと少子化は変えられない。

「子宝の町」徳之島伊仙町

増田　参考になるのは、出生率の高い徳之島の伊仙《いせん》町の大久保明町長の話だ。子育て支援金の手厚さはもちろんだが、不妊治療の旅費を助成したり、敬老祝い金を減額し一部を子育て支援金に充てるなど「えーっ」というぐらい踏み込んで、子宝の町を盛り上げていこうとする風土がある。

大久保町長いわく「わが町には『授かり物である子どもはすべての人にとっての宝』とする精神文化が根付いており、個人の生活（高齢者の世話、子どもの学校行事、出産や葬式などライフイベントへの関与など）を重要視することを許容する文化がある。子育ての場面でも、血縁を越えた支援の手が多数あるということは、子を産み育てる夫婦、特に母親にとって孤立を防ぎ、子だくさんでも育てられるという自信につながっている」

その結果、二・八一という日本一の出生率を達成している。

伊仙町では敬老会はじめ町のイベントに必ず子どもを同席させる。みんなが「子どもは宝」という認識のもと、町民は若いうちから子どもたちと触れ合い、子育ての楽しみを共

有できるような仕組みが自然にできあがっている。

河合　このままだと赤ちゃんの声を間近で聞くのは何年ぶりだろうかという時代がきてしまう。現に地方ではそうなっているところが現出してきている。地方都市の産婦人科、小児科がどんどん消えているのは、需給バランスからして当たり前のことなのだ。

増田　東京の人は、地方の小学校では校庭で野球をしている子どもたちがいっぱいいるだろうと幻想を抱いている。実際には野球チームをつくるほどの子どもはいないし、人口減少で学校の統廃合が急激に進んだことで、子どもたちの住まいはばらばらで離れている。授業が終わった途端にみんなスクールバスで遠くの自宅に帰る。自宅近辺には一緒に遊ぶ相手はいないから、みんな家の中で、ゲームで遊ぶしかない。だから、田舎ほど外で子どもの顔を見る機会が少ない。

田舎の子どもの糖尿病が急速に増えている。肥満児が多く、東京の子どもにも体力測定で劣っている。

河合　出生数増政策には批判が少なくない。だが、今の時代、政府が「産めよ殖やせよ」と国民に強要することもないし、されたところで「ならば産もう」という国民がいるはずもない。何度も繰り返しになるが、自分たちが体験してきたこと、それから子どもがいる社会がいかに豊かなのかということを語っていく。これがきわめて大切なことだと思う。

増田　最後はやはりそれに尽きる。家族団らんで語り合うことがいかに豊かで楽しくて、数が多ければ多いほうがいいことなのだという認識が浸透していけばいい。

「東京」を究極都市に

「東京」と「地方」の分業体制が問題の根本

増田　さて、ここまで地方を消滅の危機から脱却させるための八策を考えてきた。最後に本書の二大テーマの一つである人口減少下において「東京」をどう位置付けるべきかについて話し合ってみたい。

問題提起篇でも指摘したが、もう一度ここで整理をしておきたい。東京をめぐる問題は大きく二点ある。一点は、地方が消滅するような時代にあって地方からの人口流入を前提とした東京の発展は成り立ちえないということだ。もう一点は、東京は自身の高齢化に対応しきれないということだ。

東京都の舛添要一知事をはじめ、東京圏各自治体が二〇二〇年の東京五輪以降を念頭に、国際都市としてさらなる発展を遂げながら、同時に若者も高齢者も安心して暮らせる街へのつくり替えを急いでおられることには敬意を表したい。

だが同時に、われわれはもっと先の時代まで見据えて日本という国家における「東京」

の位置付けを考えておく必要があると考える。人口を大きく減らし、しかも大多数が高齢者となった日本が、首都・東京にどのような役割、機能を期待するのか。そのために、われわれは地方を含めてどのような国土形成を図って行かなければならないのか。それは決して東京都や東京圏の自治体だけが考えればよいというテーマではない。

河合　これから先も、東京一極集中が続けば地方は全滅する。これまで東京に人材も食料も供給し続けてきた地方の消滅は東京の自己否定であり、やがて日本全体の破綻を意味する。私が人口減少問題を「静かなる有事」と名付けた真意の一つがここにある。

「東京集中」を、地方の若者の側に立って考えれば、都会に出て自分の能力に磨きをかけ、チャレンジしたいと願うのは当然のことといえる。こうした意欲を持つ若者を引き留めようとしても、留まるものではない。

問題なのは、欧米諸国では、都会で学んだスキルを携えて故郷に戻る若者も少なくないのに、日本ではそうした循環が起こらないことだ。地方にスキルを持った若者の受け皿となる就職先がないのだから考えてみれば当たり前であろう。

東京は地方から若者を集めることで日本経済を牽引してきた。バブル崩壊以降の長期低迷期にあって、年々、牽引役としての役割をより一層期待されるようになった。それは勤労者だけでなく、大阪や名古屋といった大都市圏に本拠地を置く企業をも吸い寄せてきた。

東京に本社ごと移転した企業も珍しくはない。

だが、人口激減局面においては、何度も述べてきたようにこうした「東京集中モデル」は通用しなくなる。われわれは対策を講じなければならない。そのためには、まず、その根源的理由を考えることであろう。

戦後の日本経済が発展したのは、これまでは「東京集中」がもっとも有効な産業立地だったということなのだと思う。改めて言うまでもないことだが、高度経済成長は、欧米先進国が開発した技術や商品を模倣し、それを機械化と安い労働力で大量生産することにより価格競争に勝ち、実現してきた。

それはつまり、日本経済は全国から有能な人材を集めた東京が企画や研究開発といった生産性の高い高度な仕事を行い、地方には部品生産など単純な仕事を任せるという分業体制で成り立ってきたということではないのか。

これが、大都市、大企業への依存度の高い地方ほど、低賃金の単純労働しか残らず、高度な知識やスキルを身につけた人が働く場がないという状況をつくり、東京一極集中を加速させる元凶となってきたのだ。こうした構造にメスを入れることなく、「東京への流入を止め、Uターンを促せ」と叫んでも無理な話だと思う。

そもそも、このビジネスモデルが成功したのは日本の人口が若く、しかもアジア諸国にライバルがいなかったからだ。少子高齢化で勤労世代が激減していく日本が、若くて安い労働力を豊富に持つアジア諸国との価格競争を続けていくことには限界がある。にもかかわらず企業は女性や高齢者、外国人の活用で「安い労働力」を懸命に確保しようとしている。とても勝ち目はないであろう。

二四時間都市の発想を捨てる

河合　とはいえ東京がある日、忽然《こつぜん》と消えてなくなるわけではない。東京が持っている「集積の経済」の強みについても、いまのままは続かないけれど、しばらくは続くだろう。「世界都市・東京」の在り方をすべて否定できない以上、東京が東京らしく輝き続けられるための方策についても、一方で考えていかねばならない。

次の世代の人たちもこれまでの世代のように、東京に求めるものがもちろんあるわけだ。どうこれを東京一極集中の弊害の部分と切り分けていけるかがポイントになると私は考える。


増田　そもそも「世界都市・東京」として輝き続けることの主眼は、産業や企業の活動が世界をリードしていく、ビジネスとしての東京の強さを維持することであろう。

そのためには、東京に残るべきは、能力の高い人たちを世界から取り込み、彼らに高い給料を払える企業なのだけれど、いまは必ずしもそうなってない。

労働集約的なビジネスが中心のブラック企業が、依然として若い人を安い給料でこき使って、たとえば二四時間飲食を提供したりして成り立っている。

本当はそういう産業が成り立たないぐらいの東京にしたほうがいい。二四時間飲食業が営業する必要はなくて、夜は夜でそれなりに店を閉じて眠ればいいのだ。そこまで不夜城みたいな東京にする必要はないと思う。

混ぜこぜの東京からの決別

河合　地方都市の生き残り策としてコンパクトシティの必要性が言われているが、いずれ東京もコンパクトな街づくりを迫られるときが来るだろう。ただ、世界最大級の規模を誇る東京の場合、地方都市のような単に人を寄せ集めるコンパクト化とは性格が異なる。機能や用途を分類し、世界都市としての役割を果たせるようなきめ細かなコンパクト化を求められることになると思う。

そうした動きの一端はすでに見られる。「アベノミクス第三の矢」として安倍政権が進める成長戦略の柱の一つ国家戦略特区構想だ。東京をアジアにおける中心的な国際金融センターにしようという動きが進められている。

ビジネス都市を進化させる一方で、東京都では高齢者対応の優しい街づくりを実現するという〝両立〟はかなり難しい。何十年も先の未来をにらんで、これを別々に進めるというぐらいの大胆さがあってもいいのかもしれない。

実現性を度外視して言えば、現在の二三区のうち都心の九区（千代田区、中央区、港区、渋谷区、新宿区、文京区、台東区、豊島区、目黒区）はビジネス地域。それ以外の一四区は人が住む居住地域と明確に区分するといった発想だって必要だろう。

居住地域の一四区では高齢者対策、子育て対策に懸命に取り組む。都心のビジネス地域に指定された九区は、もはや区分けを廃止してもいいのではないか。昔の天領のように政府直轄地でもよくて、ここはビジネス機能のみに徹する。昼間人が集まってきて仕事をして、夜になると人がいなくなるところでけっこうではないかと思うのだ。そこのなかでも高級マンションを買って住みたい人は自分で頑張ればいい。

都心の九区に関しては、生活面で多少不便であろうが、医療機関へのアクセスが悪かろうが、そういうところなのだと目をつぶる。それでもメリットを享受できると考える人だけが住むビジネス街だと割り切ってしまう。

要は、混ぜこぜの街からの決別ということだ。東京都内をここまではビジネスのスペシャリストが集まる地区、ここから先は居住優先区域だから、子育て世代、アクティブ高齢者、要介護高齢者がふつうの生活者としてふつうの営みができる地区に、厳然と区分けしてしまうのだ。

もちろん、ここまでばっさりと割り切ることが現実的にできるとは思わないが、それぐらい大胆な発想をもってかからなければならないだろうということを言いたいのである。

「国際金融センター」東京の可能性

増田　都心九区以外のところが落ち着いた生活の場になるならば、コミュニティの再生もありえるだろう。いまはごちゃごちゃで、住宅街や小学校に隣接してばりばりのオフィス街があったりする。

ビジネス地域は、たとえば、ロンドンのシティのようなイメージであろうか。地域における人と人の触れ合いはきわめて希薄だけれど、もしそこまで割り切れれば、人々が得られるものは大きい気がする。

ビジネス地区を国際金融センターとする場合、デザインや絵姿、それに沿った形での資本、人材確保の問題が生じてくるが、これはまさしく国策に直結するテーマとなる。

それを勘案すると、そこに行き着くずっと手前のところで、東京をオープンな国際都市にして、世界のライバル都市に勝てる実力を養わなければ画餅《がべい》に終わってしまう。海外から優秀で多彩な人材を貪欲《どんよく》に受け入れて、地域の住人は多様な文化を違和感なく受け入れて、東京を国際金融センターにしていく。

シティを擁する欧州の金融センター・ロンドンに行くと本当に外国人が多い。しかし、ここで重要なのは、いちばん肝となるところはアングロサクソンがきちんと握っているということだ。

東京もロンドン同様、世界中からさまざまな人たちが集結して存分に働くのだけれど、いちばんの司令塔になるところはやはり国家と連携し、密接な戦略を持つ東京であるべきだ。

いまは残念ながら東京だけでは不十分で、さまざまな問題を解決するには首都圏、最低でも一都三県で取り組まねばならないだろう。東京をどういう都市にするのかということについても、一都三県の役割とか、国とのさまざまな関係が大切だと思うのだが、どうもそこの密接な関連とか、大きな戦略のもとにそれぞれうまく動いているわけではない。東京五輪という決まった目標でさえ、まだ国と東京都がどう負担するかをめぐりギクシャクしているのだから。

それはいままでの国づくりにおいて、東京にそこそこ民間企業が集まれば、彼らの努力で経済がうまく回っていたところがあったからだ。

日本の企業のすごさは、さまざまな創意工夫、イノベーションを行うことで世界に伍していけたところだった。今後はそうもいかなくて、より国家としての戦略と、そのなかでの国と東京の役割分担をうまく構築しないといけないのではないか。そんな気がする。

河合　超競争社会の東京のビジネス地域も選べる。その周辺に住むという手もある。地方の県庁所在地で、もうちょっとゆっくりした生活を営むという選択肢もある。地方のなかの県庁所在地からかなり離れて不便だけれど、土に根ざした生活をし続けたいという選択肢もある。

　こうした多彩な選択肢を提示する社会を実現し、自分の能力、目指すライフプランに合わせて選べるという街のつくり方をしていくべきなのだ。人口が急減し、日本人の半分が高齢者という社会になっていくときに、なんとなく濃淡はあるけどバラバラッと日本列島に散らばっているような現在の構造はまず維持できない。

増田　多様な住み方、働き方を選べるような方向に、時間をかけてもっていくしかないのだろう。私は福岡のように東京に似通った地方都市があってもいいと思う。逆に東京は、いまよりも小ぶりでいいから、いちばんの中心部は常に世界に向けて輝きを放つ存在になってもらいたい。

地方が元気になれば東京はもっと輝く

河合　誤解なきよう確認をしておきたいが、私が「東京を究極都市にしたほうがいい」と言っているのは、なにも東京一極集中、東京の一人勝ちを続けられるようにしろという話ではない。第一部の問題提起篇で増田さんが指摘されていた多軸国家に戻していくことこそが、かえって首都東京を輝かせることになるのではないかということだ。江戸時代、江戸と京と大坂はそれぞれに街の顔を持っていた。人口が激減する時代に東京だけがなんでも売っている総合店とはいかないということだ。

数が少なくなった若者を東京が独り占めすることは許されない。だからといって、多くの街に人数が減った若者を薄く広く分散させたのでは日本の国力は衰退するだろう。東京、大阪、名古屋、福岡といった都市がそれぞれの特徴を生かした専門店となる。もっと言えば、四七都道府県の県庁所在地がそれぞれに違う色、役割を持ち、若い世代が自分の能力を十分に発揮できる街を選んで移り住むぐらいの国づくりをしなければ人口激減時代を乗り越えられないということだ。

東京一極集中を打破し、いくつもの軸のある国家とするには、「人口減少と超高齢社会のもとでは、過去の成功体験は通用しない」ということを国民一人一人が強く認識し、価値観を改めていかなければならない。

増田　いずれにしても発展を続けることは難しい。今後の東京問題を考えることは、国家の在り方そのものを考えることとも等しい。それこそ日本中の知見を集めて、今後どういう国家、国土形成をしていくのか。東京一極ではない国家とはどういう国家なのか。高齢者や女性を生かしながら世界で尊敬され続ける国であり続けるためには、東京という街にどういう機能を期待するのか、少し腰を据えて考えていかなければならない。そのためにも、何度も繰り返すが、少子高齢化の実情を多くの国民が理解するまで「見える化」をすることが重要だと思う。

河合　そして、もう一つ。問題提起篇でも触れたように、東京は「少子化をもたらす装置」として最大の威力を発揮してきた。つまり、東京一極集中の現実を変えていくことは、実は最大の少子化対策でもあるのだ。

　ここを変えないことには、日本の人口減少問題は解決しない。待機児童をゼロに近づけるとか、保育士の待遇をどうするのかといった対策は、あまりにも近視眼的な絆創膏《ばんそうこう》を貼るだけの対症療法にすぎないと思う。

増田　この問題について国は、そこまで根ざして物事を変えていくのだという強いメッセージを発しなくてはならない。受けとめる自治体側もそこまでの覚悟を持って、自らのビジョンを地域住民と議論して構築していくことが必要だ。

　ところが私の知るかぎり、従来の延長でただ期待感だけで何年後には再び人口が回復するような甘いビジョンを示す自治体がいくつかあった。これでは見直しにつながらない。

私としては、今後ずっと先まで人口縮小社会になるから、そうなってもさまざまな行政サービスや地域の生活を支えきれる。そこまで見据えたビジョンを提示してほしかった。

上っ面だけの経済的なインセンティブを与えることによりどっと人口を増やす。ほかの面ではまったく見直しをしないで、人口増のみだけに焦点を当てて計画をつくって実行しようとする。自治体がそうした安易な道に向かわないかと、私は懸念している。

河合　これは東京と地方の人口の奪い合いでもなければ、地方同士の競争でもない。そんな争いは日本全体でみればなんの解決にもならないし、どんどん出生数が減っていくという流れが止まらず、より深刻な状況に陥っていくだけだ。

エピローグ　国家ビジョン会議の創設

近視眼的な発想は通用しない

人口の歴史を紐解《ひもと》くと日本列島では過去に何度かの人口減少が起こっている。海外から新しい技術や制度がもたらされると人口が激増し、それが定着して社会が発展し尽くすと人口が減少局面に転じる歴史の繰り返しである。

もし、今回の人口減少にもこの原則があてはまるならば、いたずらに地方経済の活性化を考えたり、少子化対策に取り組んだりするだけでは解決しない。ましてや、地方に権限や財源を移譲すればなんとかなるといった発想では通用しない。

総じて、社会が豊かになるにつれて「多産多死」から「少産少死」へと社会は転換していく。少子化はさまざまな要因が複雑に絡み合って起こるが、最大の理由は現代文明の行き詰まりを予想させる不安感の広まりであろう。人間は将来に不安を抱いた途端、本能的に子孫を残そうとは思わなくなる。

日本の人口を維持し、将来的に増加させるには、国民が夢を抱ける次なる文明の構築が急がれるということだ。すなわち、いまわれわれができることは、東京に一極集中させることで成り立たせてきた二〇世紀型成功モデルをひとまず否定し、東京一極集中ではない社会がどういうものかを考えることである。

かつての日本社会は東京、大阪、名古屋の三大圏が機能し、それなりに国土が多極化していた。そうした社会に戻すのも選択肢であろう。分裂状態にあった地域が統合したイタリアではいまだ都市文化が花咲き、それぞれの街が強烈な個性を放っているが、こうした都市国家群としての国土形成も選択肢であろう。

政府は人口減少対策を「地方創生」と言い換えて、全国の自治体に生き残り策をそれぞれが考えるよう大号令をかけた。その本音は「過疎地域や地方都市をすべて維持することはできない」との最終通牒でもある。

これからの人口の減り方を見るかぎり、巨額の税財源を投じたところで現状維持を図ることすら許さないということをわれわれは知らなければならない。日本がとるべき道は、消滅が避けられない地域への延命措置ではなく、人口減少を前提とした大胆な国家のつくり替えなのだ。

全国的に人口が減少する以上、どの地域も別の地域から大量の人口流入を期待することはできない。とはいえ一時的には、人口呼び込みを目指した自治体間競争を誘い、各自治体はその魅力を競い定住人口の確保に走ることになるかもしれない。本書で何度も指摘してきたように、自治体間の人口の奪い合いはなんの解決策ともならないのだが、自治体間が競争を繰り返すことで、おのずと人口は集約されていくことにもなる。

その過程において、多くの人々は自分が住む町の魅力を見つめ直すことになるだろう。地域の歴史を尋ねて先人に学び、あるいは自然資源や地場産業を改めて評価することにもなろう。時には、文化や価値観の変化を迫られるかもしれない。

しかし、それは決してお上からのお仕着せではない。住民一人一人が自分の頭で地域の未来を考えることこそ大事であり、「地方創生」の醍醐味でもあるのだ。

日本消滅を止めるための六つの政策

われわれは、政府がようやく乗り出した人口減少対策を不発にしてはならない。なにをやっても駄目だとなれば、状況はさらに深刻になる。やるからには根っこからすべてを見直し、人口が減少することを受け入れて、全体は小さくなるけれど、それが逆にいい方向に向かうのだという前向きな覚悟を持つ必要がある。

本書では東京崩壊、地方消滅を阻止するための八つの提言を行った。地方消滅の解決策にポイントを絞った議論にした結果、社会保障など国家の根幹をなす具体的テーマについて詳細に取り上げることができなかった部分もある。だが、あらゆる分野において少子高齢化や人口減少にあった形に見直していかなければならないということはおわかりいただけたと思う。

そして、もう一つ、本書は大事なことを示した。今日の日本が抱える人口問題は以下の六点に整理できようが、これを同時に解決していかなければならないということだ。

地方人口の流出阻止
東京圏に住む勤労世代の地方移住
東京圏に住む高齢者の地方移住
東京圏の高齢化対策
都道府県内の人口集約
少子化対策

この六つの政策はそれぞれ効果が表われるまでのスパンが異なり、取り組む順番を間違えてはならない。

これだけ急激な人口減少は、類例がなく世界中が注目している。行政は来年度の予算をどう確保するかとか、技術的に予算を生み出す方策を向くため、どうしても政策が小さな枠に入っていきがちだ。だが、このまま二〇一五年からの延長線でものを考えてみたところで未来は続いていかない。

これは国家を一からつくり直さなければならない程の大きな問題なのだ。だからこそ政治家による侃々諤々《かんかんがくがく》の議論が不可欠だが、国会だけでは専門家が少ない。かつて国会で人口減少対策を真正面からとらえての議論はほとんど聞かれなかった。俎上に上がってきたのはようやくここ一、二年である。

人口問題というのは巨大船舶がすぐに航路変更ができないのと同じく、即効性をもった対策というのは存在しない。一〇〇年単位の政策を打っていかなければならないところもある。対策を講じているうちに若かった世代も中高年になっていく。こうしたことを考えると、継続的に議論をする場を設けて、ノウハウをどんどん見直していき、人口減少のなかでうまくソフトランディングさせていく。そして、どこかで反転して人口増加に向かっていくという社会をもう一回取り戻すしかない。

時代の変遷とともに地方の在り方もどんどん変わっていくだろう。首都・東京も次々とその顔を変貌《へんぼう》させていくことだろう。人口減少対策とは、こうした変化も踏まえながら、世代のリレー方式でじっくり腰を据えて議論すべきテーマなのである。

　最近では、社会保障と税の一体改革が国民会議をつくって議論を戦わせたが、ああした議論の場を国の常設機関としてなんとかつくれないかと思う次第だ。国家のつくり方を検討する「国家ビジョン会議」の創設である。

　そこには日本中の知見が集い、たとえ人口を大きく減らしたとしても、日本が世界に尊敬され、キラリと光り輝く国であり続けるためにどうすべきなのか、さらには息の長い出生数増加策を議論するのだ。

　こうしているあいだにも、一年一年、一刻一刻時間がなくなっていく。日本を消滅の危機から救い出すためには、思い立った人たちから議論を始め、行動に移していくしかない。


　最後になるが、多忙なお時間を割いて快く対談に応じていただいた増田寛也先生に感謝申し上げたい。

　増田さんは、実際に地域の課題解決に汗を流してこられたわが国を代表する地方問題のオーソリティーだ。ここで私が改めて経歴を紹介するまでもないだろう。

　そんな、地方の実情を知り尽くした増田さんが強く危機を訴えられたからこそ、多くの人がこの問題を真剣に受け止め、腰が重かった政府をも突き動かしたのであろう。

人口減少が本格化し始めたいまが、日本が対策を講じうるラストチャンスである。そうしたギリギリのタイミングで増田さんが「地方消滅」の警鐘を鳴らされたことの意義はきわめて大きかった。

本書が誕生するきっかけは、私が産経新聞に連載している大型提言コラム「日曜講座少子高齢時代」（毎月第三日曜日）に共感をいただいた増田さんからの一本の電話だった。「河合さんの記事をいつも読んでいます。いま求められているのは、まず動くこと。具体的になにから、どう取り組めばいいのか一緒に考えていきましょう」との呼び掛けであった。

その後、何度かお会いするうちに「日本に残された時間はあまりに少ない」との認識を共有するに至った。いたずらに不安を煽るのではなく、解決策を一つでも二つでも示すところから始めるしかないとの思いで一致したのである。

人口減少、地方消滅、一極集中による東京の崩壊といった問題は因果関係が複雑に絡み合っており、これらを一挙に解決する〝魔法の杖〟など存在しない。本書も紙幅に限りがありすべての問い掛けに答えているわけではないが、現時点で考えられる方策を語ったつもりだ。

今後の日本は、われわれが想像するよりはるかに大きく変わるかもしれない。もちろん、状況の変化に応じて新たな提言を続けていく用意はある。

本書が、読者の皆さんにとって、これらの問題を考えるきっかけとなり、あるいは一歩踏み出すためのヒントになったのであれば幸いである。

産経新聞社論説委員　河合雅司

東京圏の高齢化及び医療・介護状況の将来推計

出所：日本版CCRC構想有識者会議（第3回）高橋泰教授提出資料より

東京周辺の75歳以上人口増減率（2010年→2025年）

○2025年に向けて後期高齢者の増加率が最も大きい地域は、東京周辺部（埼玉県、千葉県、神奈川県などの東京のベッドタウン）となっている。

○千葉県西部、埼玉県東部・中央部、神奈川県県央部は、2010年から2025年にかけて、75歳以上人口が100%以上増加する。

【2010 年→2025年の後期高齢者の地域別増加率】

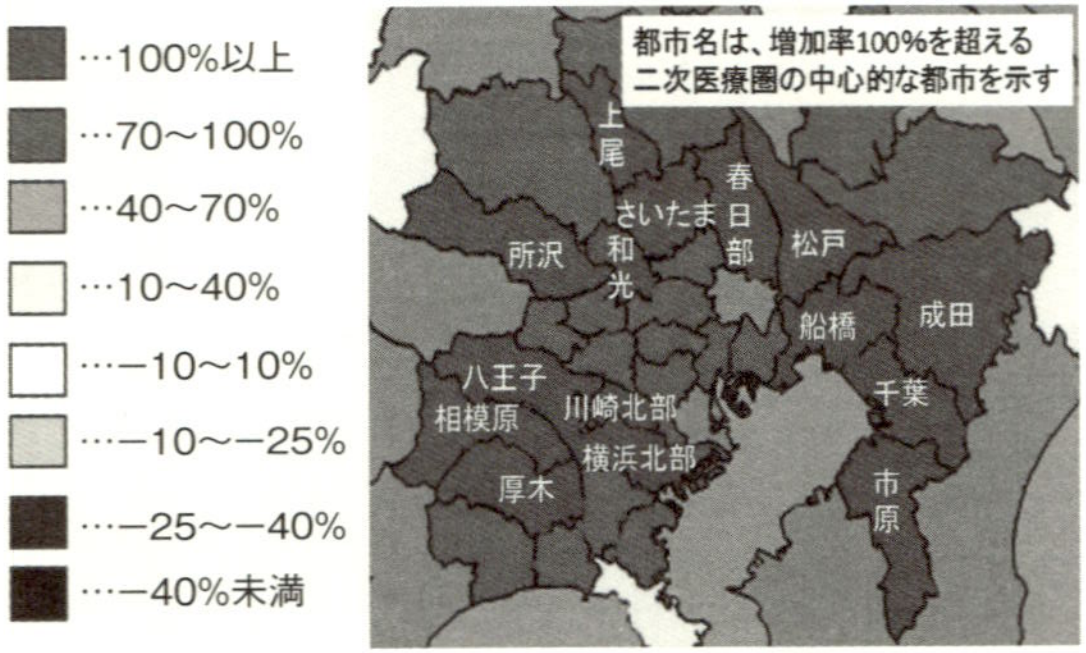

医療と介護の需要予測

○年齢階級別一人当たり医療費と介護費をみると、介護費は若年層が少ない一方、75歳を超えると費用が急増する。医療費は、若年層もそれなりに使われる。
○「医療と介護の費用」に「人口の推移」を掛け合わせて「将来の医療費と介護費」を推計すると、「介護の需要は2030年ピークで49.7%増、医療は2025年ピークで11.1%増」となることが予想される。

【年齢階級別一人当たり年間医療費と介護費（2010年）】

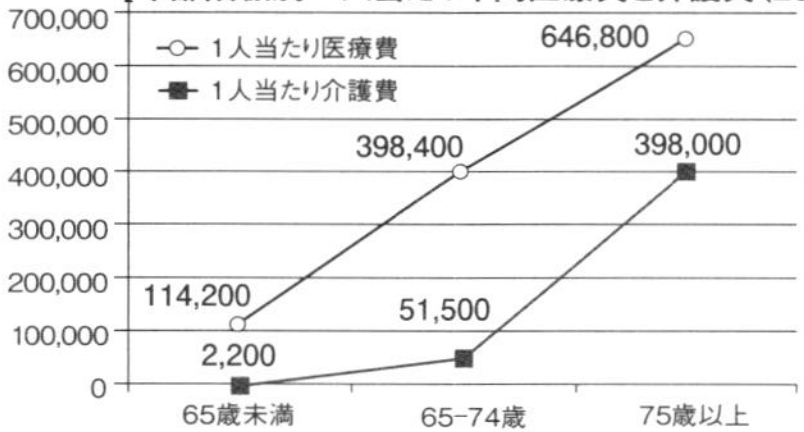

【年齢階級別人口推移】

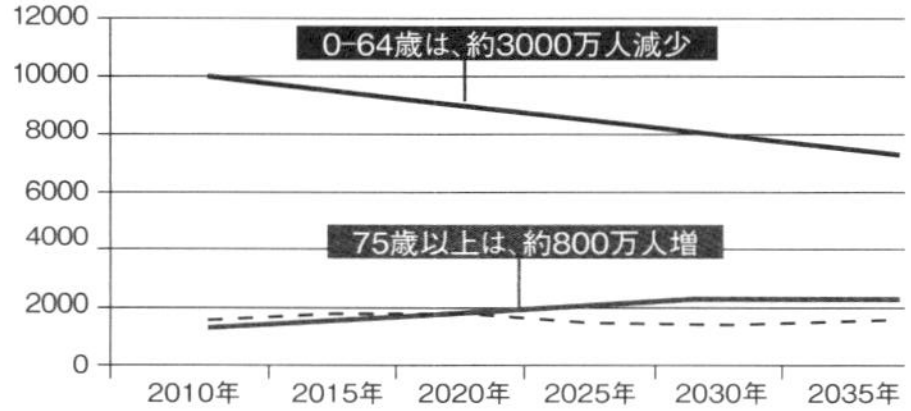

【医療費と介護費の需要予測】

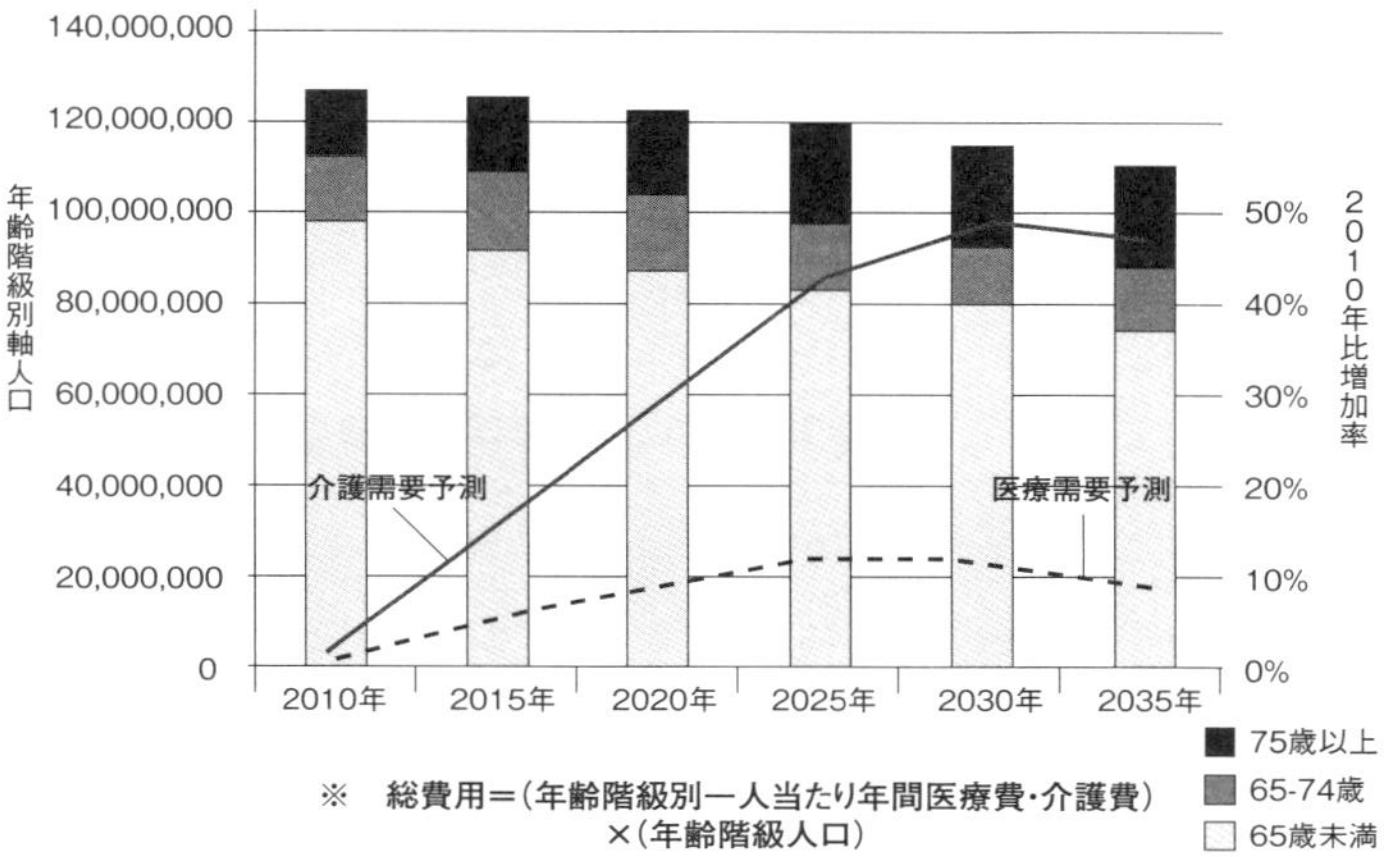

※　総費用＝（年齢階級別一人当たり年間医療費・介護費）
×（年齢階級人口）

年齢階級別の医療費増減率の将来予測（2010年比）

○総医療費の推移は、2025年の11.1％増がピークとなり、その後減少に転じる。
○75歳以上医療費の推移は、2025年に向けて急増、2030年のピーク値は2010年比約60％増となる。
○75歳未満医療費の推移は、2015年から2020年まで微減、2020年から急激に減少する。これは、2020年代前半年に団塊の世代が75歳を超えるからと推測。
○わが国の医療提供体制は、今後短期間で急増する75歳以上の医療事情と、今後減り続ける0-74歳の医療事情に対応する形で変化していく必要がある。

【年齢階級別の医療費増減率の将来予測（2010年比）】

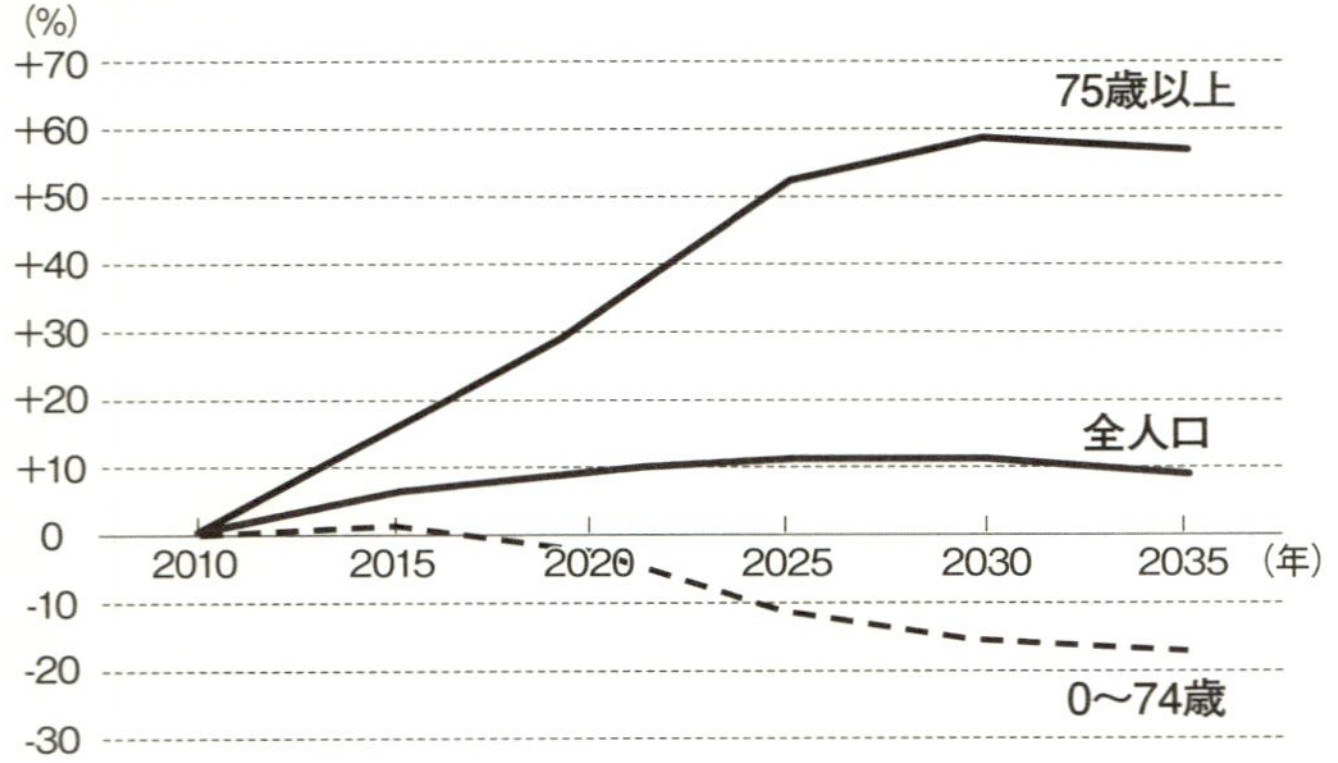

東京圏の医療環境

○東京周辺部の人口10万人当たりの病院勤務医数は、日本で少い地域となっている。
○これまで少ない医師（医療提供体制）でやってこられたのは、地域住民の多くが地方からきた当時の若者（団塊の世代）であり地域の有病率が低かったこと、住民の多くが東京に出勤し病気になったら東京の病院を利用していたからである。
○今後、2020年前半に団塊の世代が75歳になるため、地域の有病率が急速に上昇することが想定され、少ない医療機関が、更に混雑することが予測される。

【人口10万人当たり勤務医数の偏差値】

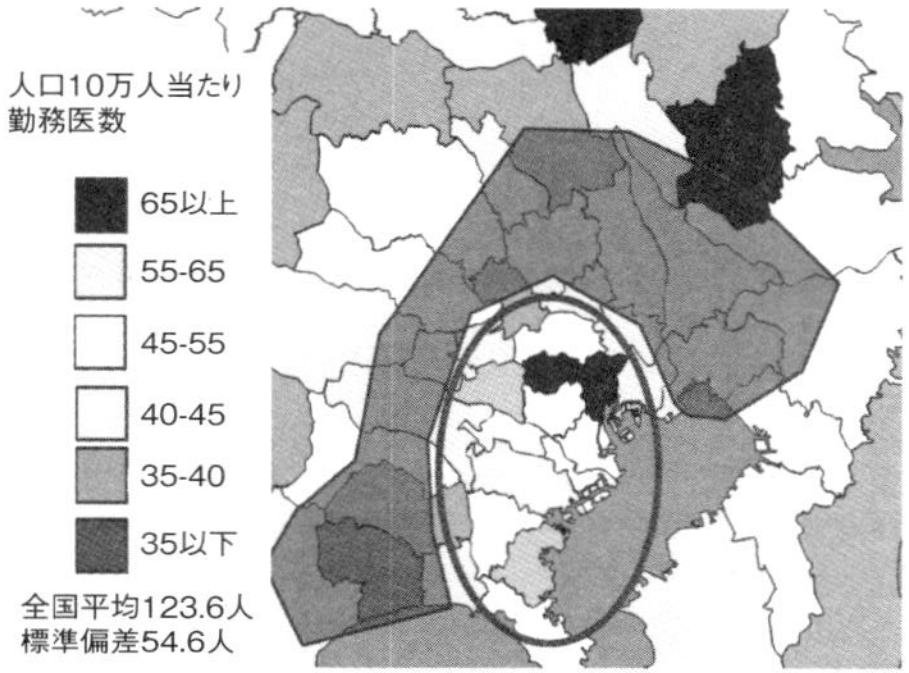

【地域別人口10万人当たりの勤務医数】

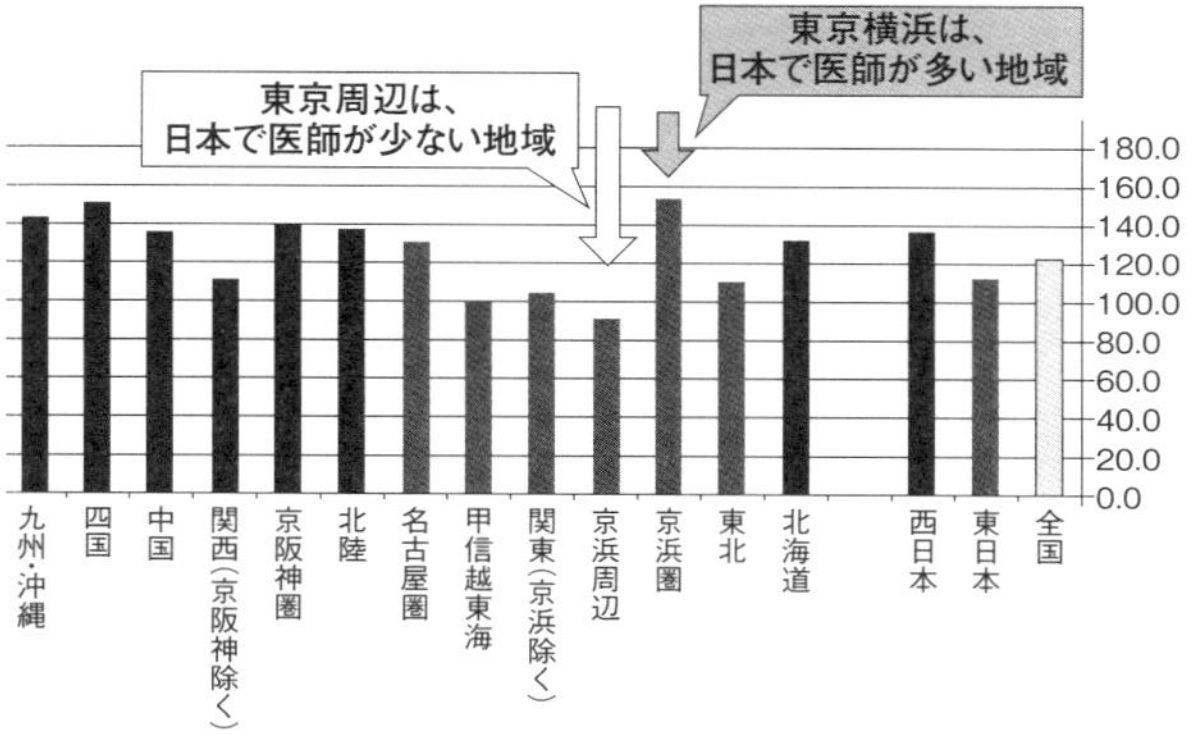

東京圏の介護状況

○2010年の東京23区内の要介護高齢者に対応した施設の収容能力は低くなっている一方、東京23区周辺、神奈川県、埼玉県や千葉県の東京湾周辺地域の収容能力が高くなっており、東京周辺地域が東京都の高齢者を多く引き受けていると予想される。
○しかし今後は、東京周辺の収容能力の高い地域は、今後十数年で後期高齢者の倍増する地域でもあるため、東京都心からの受け入れ余力が今ほどにはなくなることが予測される。

【後期高齢者1000人に対する要介護高齢者に対応する施設(老健、特養、介護療養、高齢者住宅等)の収容能力】

※全国平均:120人

【75歳以上1000人当たり総高齢者ベッド数(2010年)】　【75歳以上1000人当たり総高齢者ベッド数(2025年)】

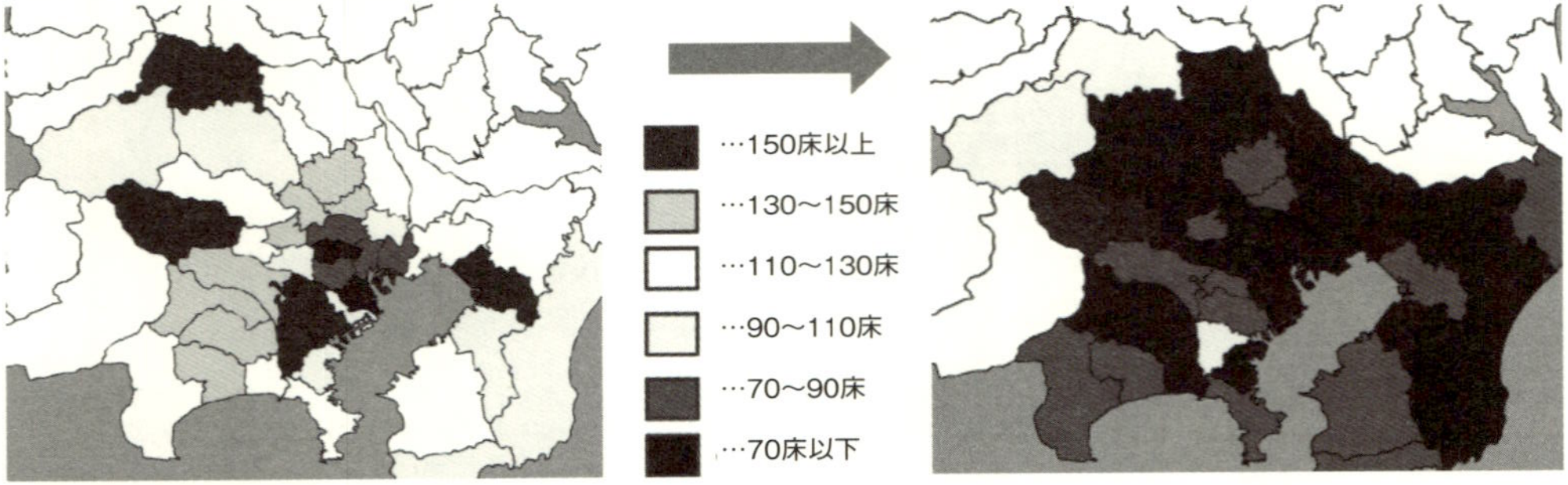

※■が1000人に対して150人以上、□が130人以上で高齢施設の充実した地域、□が90－110人でやや少なく、■が70－90人で不足、■が70人以下で危機的状況であることを表している。
※右図は、今後高齢者施設が新たに建設されないと仮定し、後期高齢者のみが増加した場合の、2025年の各地域の後期高齢者千人当たりの収容能力を表す。

東京圏の介護施設等の後期高齢者収容能力

○東京圏における介護施設等の後期高齢者の収容能力は、埼玉県・神奈川県・東京都市町村部は余力があり、自地域の施設で自地域のニーズをカバーできているが、都区部は介護施設等が不足しているのが現状。
○今後、埼玉・千葉・神奈川県で高齢者の介護需要が急増することが予想されており、このまま推移すると、東京圏全体で介護施設等が大幅に不足するおそれ。

【介護施設等の後期高齢者収容能力の推移】

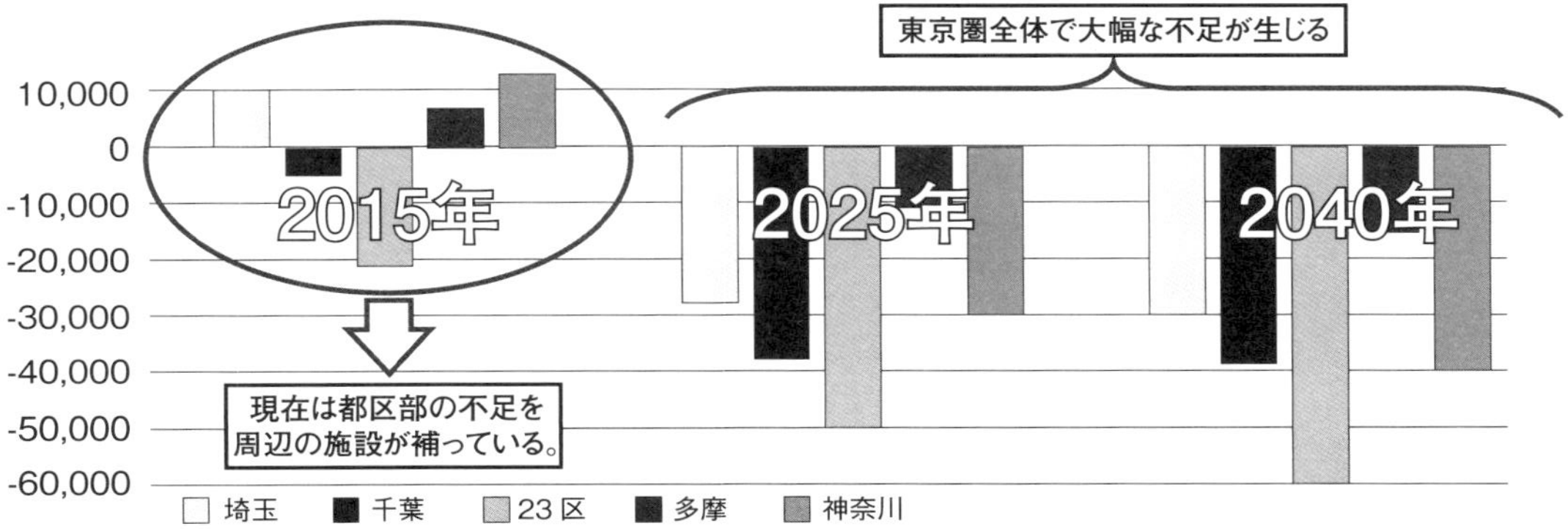

※75歳1000人に対し全国平均の91床分の高齢者施設提供能力を標準とし、それよりも供給能力を高い場合を過剰、少ない場合を不足とみなし、2015年、2025年、2040年の過剰分から不足分を差し引いたもの。

2040年までの医療費・介護費の変化①医療費・介護費別

○年齢階層別の一人あたり医療費・介護費を一定と仮定し、将来の人口動態にあわせて費用変化を推計すると、医療費は人口減少の影響で地方は減少、都市部は高齢化の影響で増加。他方、介護費はほとんどの地域で増加、特に都市部で増加額が大きい。

【二次医療圏毎　医療費総額の変化推移
（2010年→2040年）】

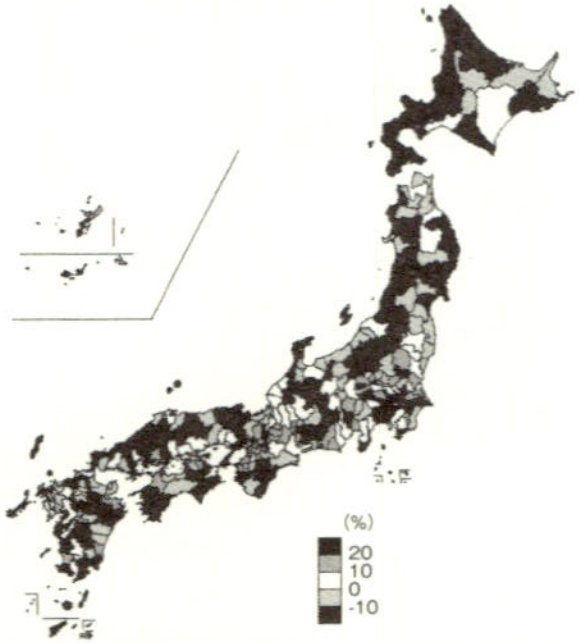

厚生労働省『平成22年度国民医療費』及び国立社会保障・人口問題研究所『日本の将来人口推計』より推計。
年齢階層別医療費を一定とし、人口動態変化にあわせ将来推計を行ったもの。

【二次医療圏毎　介護費総額の変化推移
（2010年→2040年）】

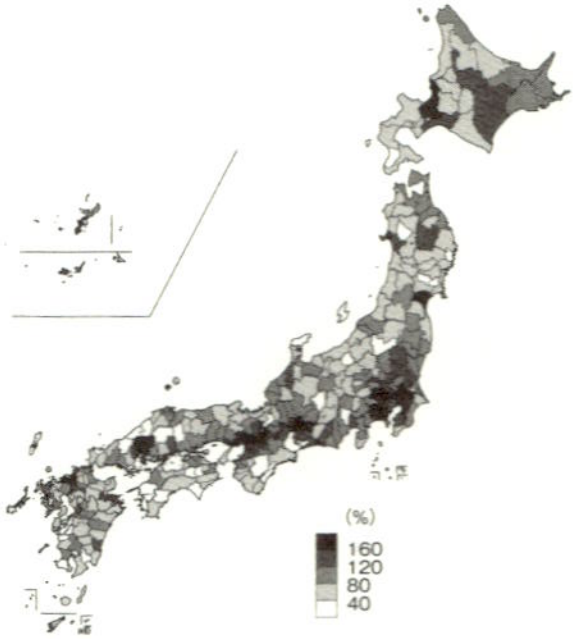

厚生労働省『介護給付費実態調査』及び国立社会保障・人口問題研究所『日本の将来人口推計』より推計。
年齢階層別介護費を一定とし、人口動態変化にあわせ将来推計を行ったもの。

2040年までの医療費・介護費の変化②医療費・介護費合計

○医療費・介護費合算の変化率を見ると、都市部を中心に増加する地域が多い。
○また、人口一人あたり医療費・介護費の変化額でみると、20万円以上の増加になる地域もあるなど、費用の負担は重くなる。

【二次医療圏毎　医療費＋介護費の変化推移（2010年→2040年）】

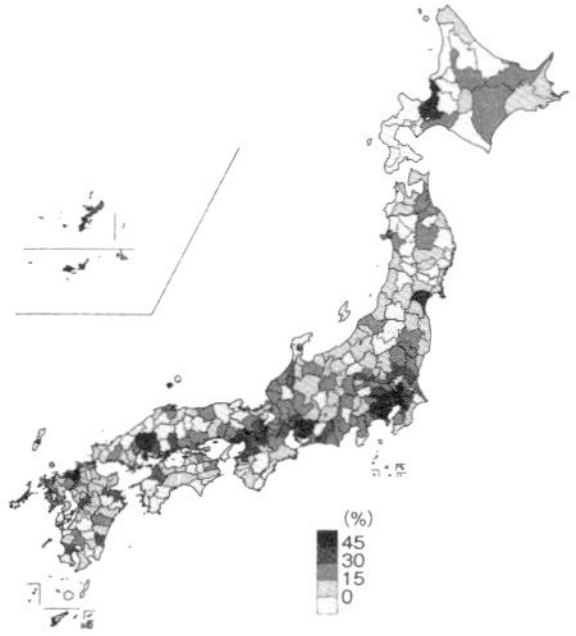

厚生労働省『平成22年度国民医療費』、『介護給付費実態調査』、国立社会保障・人口問題研究所『日本の将来人口推計』より推計。
年齢階層別医療費・介護費を一定とし、人口動態変化にあわせ将来推計を行ったもの。

【二次医療圏毎　人口一人あたり医療費＋介護費の変化額（2010年→2040年）】

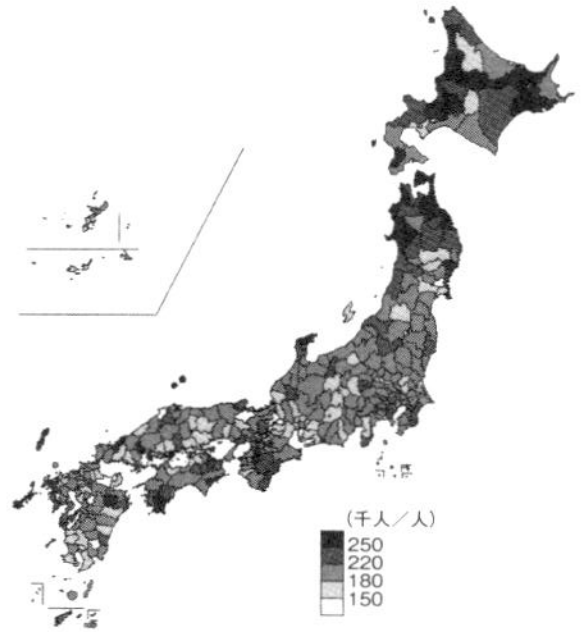

厚生労働省『平成22年度国民医療費』、『介護給付費実態調査』、国立社会保障・人口問題研究所『日本の将来人口推計』より推計。
年齢階層別医療費・介護費を一定とし、人口動態変化にあわせ将来推計を行ったもの。
※あくまで医療費・介護費の費用増加のイメージであり、一人あたりの保険料負担の増加額を示すものではない。

医療・介護と地域の雇用

○二次医療圏毎に全就業者に占める医療・介護就業者の割合をみれば、特に地方部においては10%を超えている地域もあり、医療・介護は地域の雇用を支えている面がある。
○2040年までの高齢人口変化を踏まえて介護就業者数の見通しを推計すると、都市部で介護就業者が大幅に増加。介護就業者の割合は、北海道・東北・西日本に加え、都市近郊等でも10%を超える地域がある。

【二次医療圏毎　企就業者に占める医療・介護就業者割合(2009年)】

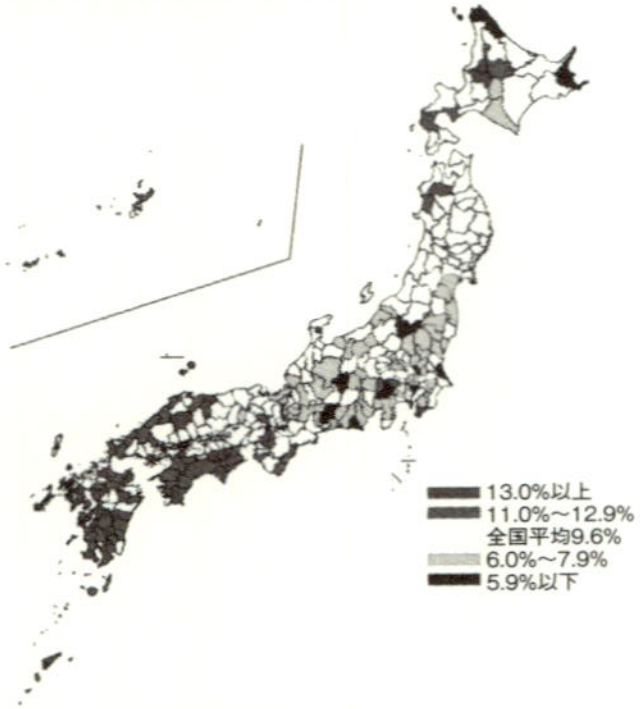

総務省『平成21年経済センサス基礎調査』より作成※医療・介護従事者とは、病院等医療・介護業の事業所に勤める人員を指す。医師・看護師・介護士等の医療・介護従事者に加え、事務員等も含まれる。

【二次医療圏毎　全就業者に占める介護従事者の割合(2040年)】

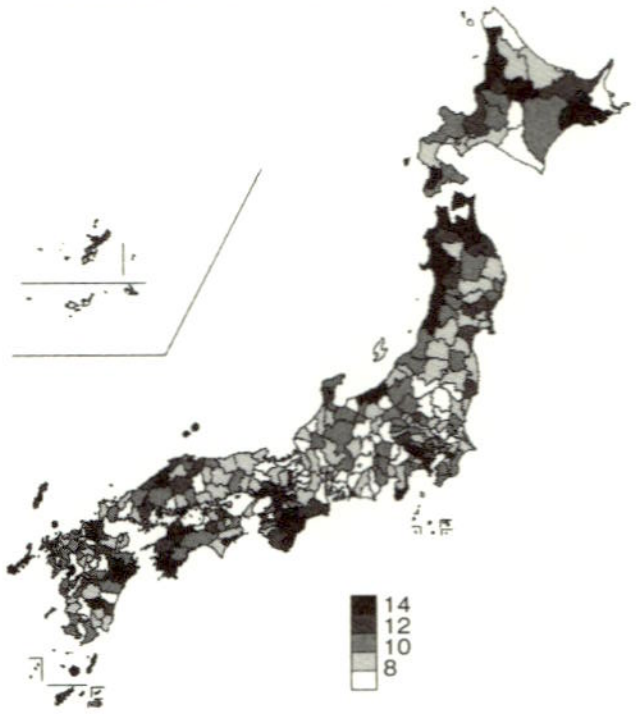

総務省『平成21年経済センサス基礎調査』、『国勢調査』、国立社会保障・人口問題研究所『日本の将来人口推計』、厚生労働省『介護職員をめぐる現状と人材の確保等の対策について』より推計。

●著者略歴

増田寛也（ますだ・ひろや）

東京大学公共政策大学院客員教授　日本創成会議座長

1951年東京都生まれ。東京大学法学部卒。77年建設省（現・国土交通省）入省。同省河川局河川総務課企画官などを歴任し94年退職。95年から岩手県知事として３期12年活躍。2007年より安倍内閣で総務相に就任、福田内閣で再任。現在、野村総合研究所顧問、東京大学公共政策大学院客員教授などを務めるほか、2011年５月より人口減少などの問題解決策を話し合うために発足した日本創成会議人口減少問題検討分科会の座長を務める。主な著書に『地方消滅』（中公新書）などがある。

河合雅司（かわい・まさし）

産経新聞社論説委員

1963年生まれ。中央大学卒。専門は人口政策、社会保障政策。現在、拓殖大学客員教授、大正大学地域構想研究所客員教授のほか、内閣官房「日本版ＣＣＲＣ構想有識者会議」委員、厚労省「保険者による健診・保健指導等に関する検討会」委員、農水省「中山間地域等直接支払制度等に関する第三者委員会」委員、日本医師会「赤ひげ大賞」選考委員を務める。2014年に「第33回ファイザー医学記事賞」大賞を受賞。『医療百論』（共著、東京法規出版）、『中国人国家ニッポンの誕生』（共著、ビジネス社）など著書多数。

編集協力／加藤鉱

地方消滅と東京老化

2015年７月１日　　第１刷発行

著　者　増田寛也　河合雅司

発行者　唐津　隆

発行所　株式会社ビジネス社

〒162-0805　東京都新宿区矢来町114番地
神楽坂高橋ビル５階
電話 03(5227)1602　FAX 03(5227)1603
http://www.business-sha.co.jp

カバー印刷・本文印刷・製本/半七写真印刷工業株式会社
〈カバーデザイン〉大谷昌稔　〈本文DTP〉茂呂田剛(エムアンドケイ)
〈本文写真〉伊原正浩　〈編集担当〉佐藤春生　〈営業担当〉山口健志

ISBN978-4-8284-1824-7